Nina Kunz • Ich denk, ich denk zu viel

Nina Kunz

Ich denk, ich denk zu viel

KEIN & ABER
POCKET

Für Moma

1. Auflage September 2024
2. Auflage März 2025
3. Auflage September 2025

Kein & Aber AG, Bäckerstrasse 52, CH-8004 Zürich, info@keinundaber.ch
Kontakt in der EU: Kein & Aber Verlag, Württembergallee 12, D-14052 Berlin, berlin@keinundaber.de

Covermotiv: Maurice Ettlin
Satz: Dörlemann Satz, Lemförde
Druck und Bindung: CPI books GmbH, Leck
ISBN 978-3-0369-6184-2
Auch als eBook erhältlich

www.keinundaber.ch

»Wer keine Angst hat, hat keine Phantasie.«

ERICH KÄSTNER

INHALTSVERZEICHNIS

SEHNSÜCHTE

VORWORT

Dieses Buch ist in den letzten beiden Jahren entstanden, ohne dass ich je daran gedacht hätte, ein Buch zu schreiben.

Alles begann damit, dass ich anfing, über meine Alltagsängste nachzudenken. Und jedes Mal, wenn mich ein bedrohliches Gefühl beschlich, so lange an Texten herumwerkelte, bis ich glaubte zu verstehen, warum ich mich fühle, wie ich mich fühle. Warum da diese Enge in meiner Brust ist und der Stress-Tinnitus in den Ohren pfeift, obwohl ich doch all diese Privilegien hab.

Ich schrieb über die Angst, das Leben online zu vergeuden, über die absurde Überidentifizierung mit meinem Job, Identitätsfragen, die Suche nach meinem Vater, den ich nicht kenne, den Weltschmerz, Kylie Jenner und das verfluchte Patriarchat.

Herausgekommen ist nun dieses Buch, das zur einen Hälfte ein Tagebuch ist und zur anderen ein Theoriesammelsurium. Denn ich las viel, Jia Tolentino, Jean-Paul Sartre, Roxane Gay, um herauszufinden, wie ich meine Ängste deuten könnte, die so diffus waren, dass ich sie manchmal kaum zu fassen kriegte.

Was mich beim Schreiben beschäftigte, war, inwiefern ich behaupten kann, dass mein Unbehagen irgendwie »für etwas steht«, für eine nihilistische Gegenwart, für eine ausgebrannte Generation, für einen postmodernen Zeitgeist. Aber, wenn ich ehrlich bin, will ich gar nichts davon behaupten, es wäre unpräzise und verkürzt.

Dieses Buch ist eine Einladung in meine Gedankenwelt. Eine Einladung, sich vielleicht in einem der Texte wiederzufinden, oder natürlich auch mir kopfschüttelnd zu widersprechen. Dieses Buch ist ein kleines Puzzleteil in der Debatte um Leistungsdruck und Mental Health. Es sind Notizen aus dem Jetzt, ehrlich aufgeschrieben. In der Hoffnung, dass sie weitere Gedanken anstoßen.

Zürich, Oktober 2020

SINNKRISEN

OBSERVER'S PARADOX

Es kommt häufig vor, dass ich todmüde bin, aber just in dem Moment, in dem ich den Kopf auf das Kissen lege, wieder hellwach werde.

In der Regel frage ich mich dann Dinge wie: Schaffe ich die Deadline? Habe ich den Müll runtergebracht? Sind Nicolas Sarkozy und Carla Bruni eigentlich noch ein Paar? Gestern lag ich auch wieder hellwach im Dunkeln, aber diesmal war etwas anders. Jedes Mal, wenn ich die Augen schloss, kam ein Bild aus meiner Vergangenheit hoch. Ich sah den Spielplatz im Erismannhof, wo ich mir als Kind ständig die Knie aufschürfte, den Idaplatz-Kiosk, wo ich mein erstes *Bravo*-Heft kaufte, die Küche meiner alten WG, in der es nie Milch, aber immer Rotwein gab.

Mein Herz pochte. Mit jeder Erinnerung fand ich es unglaublicher, dass das alles in meinem Leben passiert sein soll. Zudem fragte ich mich, wie all diese Bilder in meinem Kopf Platz haben. Der ist doch schon vollgestopft mit Informationen. Ich überlegte, dass ich zum Beispiel die Texte aller Britney-Spears-Songs kenne, die Eckdaten der Punischen Kriege (264–146 v. Chr.), die Bedeutung des Wortes »postmodern«, das Werk von Erich Kästner, das Rezept für Apfelkuchen. Als es dämmerte, lag ich immer noch wach, schwitzte und dachte: Wie kommt das Hirn nur mit dieser Masse an Gedanken klar? Dreht man da nicht irgendwann durch?

Vor Schreck setzte ich mich auf, und da musste ich plötzlich an das »Observer's Paradox« denken. Das ist ein Phänomen, das ich an der Uni kennengelernt hatte, bei dem Forscher*innen zu verzerrten Resultaten kommen, weil sie ein Experiment durch ihr bloßes Beisein beeinflussen.

Der Begriff wurde in den Siebzigern vom Linguisten William Labov geprägt, der erforschen wollte, wie New Yorker in ihrem Alltag sprechen. Sein Dilemma war aber, dass er die Leute aus ethischen Gründen nicht einfach belauschen durfte, sondern sie interviewen musste – was dazu führte, dass sie eben gerade nicht redeten wie am Küchentisch. Er merkte also, wie schwer es ist, die »wahre Natur« gewisser Dinge (wie etwa Sprache) zu ergründen, weil diese nur dann natürlich vonstattengehen, wenn sie nicht beobachtet werden, ein Paradox, das übrigens auch die Experimentalphysik kennt.

Als ich müde die Augen schloss, fühlte ich mich auf einmal erleichtert. Ich war nämlich überzeugt, dass ich in dieser Nacht nur dem »Observer's Paradox« aufgesessen war. Ich hatte bestimmt nicht die »wahre Natur« meines Hirns entdeckt und musste mir auch keine Sorgen machen, dass es überhitzt. Ich hatte mir nur selbst beim Denken zugeschaut, und das ist immer unheimlich. Das eigentliche Problem war also – wie bei

Labov – das Beobachten selbst. Denn hätte ich nicht so genau hingeschaut, wäre mir diese Masse an Gedanken auch nie bedrohlich vorgekommen. Grübeln, so dachte ich, löst leider nicht nur Probleme, sondern schafft auch welche. Kurz vor acht fiel ich jedenfalls in einen tiefen Schlaf.

WORKISM

Manchmal lerne ich ein neues Wort und denke: Wie habe ich je ohne dieses Wort leben können? Gerade ist das »Workism«.

Workism beschreibt nämlich etwas, das mir schon länger Sorgen macht: Es ist der Glaube, dass Arbeit nicht mehr eine Notwendigkeit darstellt, sondern den Kern der eigenen Identität. Geprägt wurde der Begriff vom Journalisten Derek Thompson, der letztes Jahr in der Zeitschrift *The Atlantic* darüber schrieb, dass immer mehr Leute ihre Erfüllung in der Arbeit suchen. Als ich den Text las, dachte ich nach jedem Satz: Oh, das mache ich auch. Denn genau wie Thompson es beschreibt, bin ich mit dem Ideal aufgewachsen, dass es ein zentrales Ziel im Leben sein soll, einen Job zu finden, der weniger Lohnarbeit ist als vielmehr Selbstverwirklichung. Darum wollte ich Journalistin werden, und darum habe ich heute keine Schreib-, sondern Lebenskrisen, wenn ich im Job versage.

Besonders faszinierend an diesem Artikel fand ich, dass die bedeutendsten Ökonomen des 20. Jahrhunderts, wie etwa John Maynard Keynes, schon vor achtzig Jahren prophezeiten, dass das Zeitalter der Selbstverwirklichung kommen werde – nur eben ganz anders. Sie glaubten, dass die Automatisierung der Arbeit so viel Freizeit schaffen werde, dass die Menschen ihren Fokus auf Hobbys und Freund*innen verlegen könnten. Aber stattdessen ist bedeutsame Arbeit zum Fetisch geworden, weil einige Workaholics (vor allem im Silicon Valley) ihren Job zu einer »Berufung« hochstilisiert haben.

Laut Thompson wurde so ein Ideal geschaffen, das nun auf allen Ebenen der Gesellschaft zu Burn-outs und Ängsten führt. Denn: Die Gewinner des Systems (Architekt*innen, Startup-Gründer*innen …) arbeiten bis zum Umfallen, während alle anderen als »Verlierer*innen« dastehen, weil sie keinen dieser raren Selbstverwirklichungsjobs ergattern. Aber es gibt auch Gutes am Konzept von Workism. Oder zumindest war ich froh, endlich einen Begriff zu haben, der mir zeigt, bei was für einem Wahnsinn ich da eigentlich mitmache. Das Wort funktioniert wie ein Spiegel für das eigene Tun. Ich fühlte mich bei der Lektüre des Textes ja nur so ertappt, weil ich verstand, was hinter meinem Selbstverwirklichungsdrang steckt.

Also habe ich mir für dieses Jahr etwas vorgenommen. Ich möchte dem Modell von Workism etwas entgegenhalten und die Anteile meiner Identität mehr würdigen, die nichts mit dem Job zu tun haben. Vor allem, wenn ich das nächste Mal verzweifle, weil etwas mit einem Text nicht klappt, will ich mir in Erinnerung rufen, was ich noch bin – außer Journalistin. Und das ist einiges. Ich bin zum Beispiel die mit der besten

Großmutter der Welt, ich bin die Grüblerin, die seit fünfzehn Jahren die gleichen Pulp-Platten hört, ich bin die Frau, deren Wohnung aussieht wie eine Altpapiersammlung, ich bin die Freundin, die immer ein bisschen zu fest liebt, und vor allem bin ich das ewige Kind, das vor Freude ausflippt, wenn es eine Katze sieht.

WER IST MEIN VATER?

Ich war eben bei der Polizei. Das Revier befindet sich in einem hässlichen Achtzigerjahre-Gebäude in Zürich. An der Wand hing ein Kalender, der ein verschneites Schweizer Dorf zeigte. Ich sagte: Guten Tag. Ich habe keine Ahnung, ob ich hier am richtigen Ort bin, aber ich suche meinen Vater. Ich habe ihn noch nie in meinem Leben gesehen und habe keine Ahnung, wie man da vorgeht. Können Sie mir vielleicht weiterhelfen?

Ich habe meinen Vater nie vermisst. Für mich war dieses Vater-Ding immer etwas Abstraktes. Wie die Milchstraße. Oder ein Kubus. Ich kannte zwar den Begriff, aber für meinen Alltag hatte er keine Bedeutung. Überhaupt erst kapiert, dass bei mir etwas anders war als bei den anderen, habe ich am ersten Tag in der Grundschule. Da war ich sechs Jahre alt, und die anderen Kinder fragten: Wo ist dein Papa? Und als ich sagte, ich hätte keinen, wurden sie mitleidig. Dann schob ich zwei Wochen lang die Krise, weil ich plötzlich überall Papas sah, im *König der Löwen*-Film, in der Nutella-Werbung. Nur bei mir gab es keinen.

Bei uns zu Hause gab es bloß den jeweils aktuellen Freund meiner Mutter. Aber das waren Männer, keine Papas. Ich dachte gründlich darüber nach, dann hatte ich die Sache für mich zurechtgelegt. Ich erklärte meinen Klassenkamerad*innen: Schaut, mit Papas ist es wie mit Booten (ich glaube, ich meinte Jachten). Wenn du mit einem Boot aufwächst und es dir dann weggenommen wird, bist du traurig, weil etwas fehlt. Aber wenn du nie ein Boot hattest, dann kannst du auch nichts vermissen. Das leuchtete allen ein und die Sache hatte sich vorerst erledigt.

Nun, neunzehn Jahre später, will ich meinen Vater suchen. Warum, weiß ich nicht. Ich habe einfach das Gefühl, dass die Zeit reif ist. Nur: Wie findet man jemanden, der seit einem Vierteljahrhundert verschollen ist? Was sagt man, wenn man ihn findet? Und ist diese Person dann mein Vater oder ein Unbekannter, der zufällig die Hälfte meiner Gene gestiftet hat?

Ich habe Angst, der Polizist könnte mich für verrückt halten. Vermutlich kommt nicht jeden Tag eine junge Frau vorbei, die ihren Vater verloren hat. Der Beamte erklärt mir aber bloß, dass die Polizei nur nach Kindern und Kriminellen suchen dürfe. Als ich wieder nach draußen trete, beginnt es zu schneien. Ich denke: Das hatte ich mir irgendwie pathetischer vorgestellt.

Die Geschichte erzählt sich gut. Gezeugt wurde ich in einem Hilton-Hotel in Dresden, und eigentlich hätte es mich gar nicht geben sollen. In diesem Sommer nahm meine Mutter, damals zwanzig, die Pille, aber zum Glück hatte sie etwas Falsches gegessen und musste sich übergeben. Mein Vater war ein junger Fotograf, der offenbar ziemlich viel Ecstasy nahm und

Haare hatte wie Jesus. Meine Mutter arbeitete in einem Plattenladen und sah aus wie Madonna. Rote Lippen, blonde Mähne, Lederjacke.

Die beiden lernten sich in einem Café kennen, sie hatten eine kurze Affäre, viel Spaß und blöderweise dann auch ein Kind. Also mich. Vor Kurzem erfuhr ich, dass ihr gemeinsamer Song *Mysterious Ways* war, vom U2-Album *Achtung Baby.* Als meine Mutter im zweiten Monat schwanger war, ließ sie meinen Vater jedoch sitzen, weil sie die Nase voll hatte von seinen cholerischen Anfällen. Am 3. April 1993 kam ich zur Welt. Als das Gericht meinen Vater aufforderte, Unterhalt zu zahlen, tauchte er unter.

31. Januar 2019: Wenn man »Privatdetektiv Zürich« googelt, erhält man fünfzig Treffer. Ich rufe den erstbesten an und erkläre ihm, dass ich meinen verschollenen Vater suche, aber fast nichts über ihn weiß. Er meint: Wir finden jeden.

Ich habe mir immer vorgestellt, dass mein Vater aussieht wie Damon Albarn, der Sänger der britischen Band Blur. Na ja, eigentlich habe ich mir vorgestellt, dass *er* mein biologischer Vater ist. Er hat genauso blaue Augen wie ich, diese aschblonden Haare, diese feingliedrigen Hände. Jahrelang hing ein Blur-Poster an unserem Kühlschrank. Nichts ergab in meinem Kopf so viel Sinn, wie dass Albarn mein Vater ist. Vermutlich wollte ich einfach einen berühmten Vater.

5. Februar: Der Detektiv trägt Glatze und Apple Watch, sein Büro ist steril wie eine Zahnarztpraxis. Ich überreiche ihm die Gerichtsakten von 1993 und erkläre ihm, dass ich wirklich nichts wisse, außer dass mein

Vater ursprünglich aus einem englischsprachigen Land kam und in den Neunzigern in Europa gestrandet war. Er sagt, er werde nun mit »diversen Partnern im Ausland kooperieren«. Was das heißt, will er nicht verraten. Er werde sich aber mit einem Kostenvoranschlag melden. Zum Abschied überreicht er mir seine edle Visitenkarte.

Ich habe nur zwei Dinge von meinem Vater: ein Foto, das er von meiner Mutter schoss, als sie schwanger war, und eine Schatulle aus Leder, in der ich Akku-Ladekabel aufbewahre, von denen ich nicht mehr weiß, zu welchem Gerät sie gehören. Sonst habe ich nichts, was seine Existenz belegt. Er ist ein Phantom.

Fast immer wenn ich Leuten erzähle, dass ich meinen Vater noch nie in meinem Leben gesehen habe, führe ich anschließend die gleiche Unterhaltung.

Das Gegenüber fragt: »Also noch gar nie?«

Und ich sage: »Nein, ich weiß nicht einmal, wie er aussieht.«

»Was? Du hast nicht mal ein Foto gesehen?«

»Nein«, sage ich, »das möchte ich auch nicht. Ich wollte immer, dass mein Vater ein Abstraktum bleibt. Ich wollte nie eine Projektionsfläche für irgendwelche Ansprüche oder Wünsche.«

»Aber es interessiert dich doch sicher, wie er aussieht!«

»Na ja. Es gibt so etwas wie eine biologische Neugierde. Ich möchte wissen, wer mir seine Gene vererbt hat. Wenn ich in den Spiegel schaue, sehe ich nur meine Mutter. Wir reden gleich, wir lachen gleich. Aber ich bin viel zierlicher gebaut, und meine Haare haben diesen Rotstich. Woher?«

26. Februar: Der Detektiv hat mir sein Angebot geschickt. Er rechnet mit Kosten in Höhe von 9000 Franken. Ich sitze betrübt vor dem Laptop und denke: Vielleicht sollte ich doch meine eigene Recherche starten?

3. März: Das Mysteriöse ist: Im Internet findet man nichts über meinen Vater. Ich habe ihn in meinem Leben bestimmt schon dreihundert Mal gegoogelt. Es gibt nur einen Wissenschaftler und einen Unterwasser-Fotografen mit seinem Namen, doch die sind beide zu alt. Und das Problem mit den sozialen Medien ist, dass ich nicht weiß, wonach ich suche. Ich scrolle mich immer wieder durch Facebook-Seiten und grüble: Ist das meine Nase? Hat der meinen Teint? Sind das meine Halbgeschwister?

4. März: Seit ich angefangen habe zu recherchieren, bin ich besessen von Zahlen. Was ich weiß: Mein Vater kam Mitte der Sechzigerjahre auf die Welt. Wie Janet Jackson, Kiefer Sutherland und David Cameron. In den Gerichtsakten steht, er hätte mir bis zum vollendeten sechsten Lebensjahr monatlich 690 Franken zahlen sollen, dann bis zum zwölften 750 und 820 bis zur Mündigkeit. Er hat sich also um 162720 Franken gedrückt. Das Geld könnte mir nicht egaler sein. Was mich beschäftigt, ist: Wie kann man ein Kind in die Welt setzen und dann nicht vor Neugierde platzen, was aus ihm geworden ist? Ich würde sterben vor Kummer.

Das frechste Vorurteil, dem ich immer wieder begegne, ist das mit dem »Vaterkomplex«. Wenn Leute erfahren, dass ich ohne Vater aufgewachsen bin, mutmaßen sie manchmal, dass ich dann wohl in allen Männern einen Ersatz-Papa suche. Das fand ich immer abstrus, denn der größte Knacks in dieser Hinsicht ist eher meine Verwunderung über Männerkörper. Da ich nur mit Frauen aufgewachsen bin, sind sie mir fremd. Ich finde sie nicht bedrohlich oder so. Nur ulkig. Als Vierjährige lief ich zum Beispiel einmal ins Bad, als der Freund meiner Mutter duschte, und schrie überrascht: »Männerpopos sind so kindisch!«

5. März: Ich sitze am Küchentisch und beobachte, wie die Spatzen im Innenhof auf den Mülltonnen herumhüpfen, als mir zum ersten Mal klar wird, dass das klappen könnte. Bis hierhin war diese Suche bloß eine Spielerei gewesen. Doch heute ist etwas passiert, was alles ändern könnte. Ich saß wie schon so oft in den letzten Wochen zu Hause und gab alle möglichen Wortkombinationen mit dem Namen meines Vaters in die Suchmaschine ein, als mit der Präzisierung einer größeren deutschen Stadt plötzlich ein Blog-Eintrag über eine Asylkonferenz erschien. Eine Person mit seinem Namen hatte die Fotos gemacht. Finde ich meinen verschollenen Vater tatsächlich durch einen Google-Zufall?

6. März: Auf eine Art fühlen sich die letzten Stunden bedeutsam an, wie etwas, woran ich mich immer erinnern werde, und gleichzeitig unbeschreiblich öde. Ich schrieb der Organisation, ob ich die Kontaktdaten des Fotografen haben könne. Sie fragten zurück, ob der Fotograf denn wisse, wer ich sei, und da ich nicht wusste, wie ich das sonst erklären sollte, sagte ich die Wahrheit: Vielleicht sei ich seine Tochter. Dann rief mich ein nervöser Herr an, der meinte, er dürfe die entsprechende Mailadresse aus »datenschutzrechtlichen

Gründen« nicht herausgeben, er werde aber gern meine weiterleiten. Nun heißt es: warten.

Ich dachte oft, es sei etwas falsch mit mir, weil ich keine größere Trauer darüber empfand, keinen Vater zu haben. Immer wenn ich einer neuen Bekanntschaft davon erzählte, reagierte er oder sie so, als hätte ich gerade mein Darmkrebs-Leiden offenbart. Das erzeugte eine kognitive Dissonanz in meinem Kopf, weil zwei Töne aufeinanderprallten. Die gesellschaftliche Erwartung, wie es ist, ohne Vater aufzuwachsen, und mein tatsächliches Empfinden der Lage. Die Erwartung: Du bist ein armes Geschöpf. Mein Erleben: Ich dachte nicht mal groß über meinen Vater nach, da ich eine Großmutter hatte, die mir heimlich Barbies mit Glitzerflügeln kaufte und mir zeigte, wie man richtig guten Apfelkuchen backt.

7. März: Heute stand ich unter der Dusche, als mich zum ersten Mal die Angst packte: Was ist, wenn ich meinen Vater einfach einmal sehen möchte – und er eine Beziehung will? Was ist, wenn wir komplett andere Bedürfnisse haben? Und überhaupt: Bin ich ready dafür? Wenn ich an ihn denke, werde ich schon wehmütig, aber nicht nach ihm, sondern nach den Neunzigerjahren. Es ist ja so, dass ziemlich viele meiner Freund*innen an dieser Nineties-Nostalgie kranken, da die Gegenwart mit ihrem Detox-Kram so langweilig sein kann. Die Vorstellung, dass mein Vater damals ein verruchter Party-Schönling war, ist aufregend. Ich erzähle das manchmal, um mir eine Geschichte zu geben. Aber will ich diesen Menschen wirklich kennenlernen? Ist die Fantasie nicht immer besser?

8. März: Der heutige Tag war absurd, und zwar nicht auf eine zurückhaltende Art. Nach dem Aufwachen holte ich das iPhone von der Steckdose, und da leuchtete eine Mail meines Vaters. Der Name in Kleinbuchstaben, als wollte er sich nicht aufdrängen. Ich sagte zu meinem Freund: »Ich habe eine Mail von meinem Vater erhalten.« Er schreckte aus dem Halbschlaf hoch und starrte mich an. Wir wussten nicht, was sagen. Ich ließ mich lange umarmen. Dann gingen wir in die Küche und aßen Pumpernickel mit Peanutbutter. Da war sie also, die Mail, zwölf kurze Zeilen. Sie handeln von seiner Sprachlosigkeit und seiner Freude. Er meint, er habe 25 Jahre darauf gewartet, ein Bild von mir zu sehen. Die Message ist etwas vage, aber genau diese Ungeschliffenheit finde ich sympathisch.

9. März: Gestern blieb ich noch lange am Küchentisch sitzen und dachte: Schon krass. Und lachte innerlich, wie banal das ist, diese E-Mail. Diese Zeilen. Ich war glücklich, doch eine Sache machte mich stutzig. Warum hat er 25 Jahre gewartet? Meine Mailadresse steht doch überall im Netz. Es wäre ein Leichtes gewesen, mich zu finden. Kurz füllten sich meine Augen mit Tränen.

10. März: Mein Vater und ich schreiben uns nun E-Mails. Bisher geht es um seine Kindheit und seinen Drogenmissbrauch. Seine Offenheit überrumpelt mich etwas. Ich bin mir aber nicht sicher, ob es der Inhalt der Nachrichten ist oder vielmehr die Tatsache, dass nun irgendwo auf der Welt der Mensch, der mich gezeugt hat, hinter seinem Rechner sitzt (wo, weiß ich immer noch nicht) und mir schreibt. Mein Hirn sträubt sich,

diesen Gedanken anzunehmen, denn es ist paradox. Einerseits ist mir diese Person verflucht nah. Sie ist im wahrsten Sinne des Wortes mein Vater. Und gleichzeitig hat sie nichts mit mir zu tun.

11. März: Ich warte, dass ein überwältigendes Gefühl hochkommt. Ich habe mich ja immer damit gerühmt, wie wenig mir diese Vatergeschichte ausmacht, wie locker ich diese Anekdoten erzählen kann. Manchmal machte es mir sogar Spaß, Leute mit meiner Nonchalance zu schocken. Und nun habe ich Angst, dass sich das rächt. Ich schaue mir eine Folge der ARD-Serie *Charité* nach der anderen an, um mich abzulenken. Aber da kommt nichts. Kein verstecktes Trauma, keine Panik. Vielleicht muss ich mich damit abfinden, dass dieser Kontakt gar nicht so viel auslöst, wie ich immer gedacht hatte. Vielleicht habe ich einfach zu viele Hollywoodfilme geschaut und bin nun irritiert, dass es »in echt« auch andere Narrative gibt als Drama.

12. März: Die erste Lektion, nachdem ich meinen Vater gefunden habe, lautet tatsächlich: Das Leben ist kein Film. Jedenfalls würde sich das, was ich die letzten Tage erlebt habe, niemand im Kino angucken. Es wäre so fürchterlich langweilig. Na ja, okay, vielleicht wäre es auch ein wenig lustig. Das erste Foto nämlich, das mir mein Vater geschickt hat, ist ein Strandselfie! Das rote Licht eines Sonnenuntergangs fällt ihm ins Gesicht. Er hat Wuschelhaare, Dreitagebart, weiche Linien unter den Augen. Er erinnert mich an den Schauspieler Mads Mikkelsen. Meine Gefühlslage ist gespalten. Einerseits bin ich froh, dass er hübsch ist. Andererseits halte ich mich deswegen für eine oberflächliche Kuh. Ich frage

mich: Werde ich nun Wünsche auf dieses Gesicht projizieren? Oder bin ich erwachsen und das ist vorbei? Es fühlt sich an wie ein Test.

Das Instabile an meiner Kindheit war weniger der abwesende Vater als das Geld. Als ich ein Baby war, legte mich meine Mutter in einen Wäschekorb, weil sie kein Geld hatte für ein richtiges Bettchen. Und die ersten zehn Jahre meines Lebens ernährten wir uns von Butternudeln. Doch trotz allem schaffte es meine Mutter, meine Welt mit den tollsten Dingen zu füllen. Sie las mir alle *Harry Potter*-Bände vor, schmiss die legendärsten Geburtstagspartys und brachte mir schon mit zehn bei, wer die Beastie Boys sind. Wenn man mich als Kind fragte, was ich werden wollte, sagte ich: Astronautin und alleinerziehende Mutter.

Die Literaturtheoretikerin Julia Kristeva schrieb einmal: »Alleinstehende Mutterschaft kann als eine der heftigsten Formen der Ablehnung des Symbolischen betrachtet werden und zugleich als eine der glühendsten Vergöttlichungen von mütterlicher Kraft – was dazu führt, dass eine gesamte juristische und ethische Ordnung durcheinandergebracht wird.« Daran muss ich immer denken, wenn meine Mutter erzählt, wie hart es häufig war, alleinerziehende Mutter zu sein.

13. März: Ich liege noch im Bett, als die erste Mail meines Vaters kommt, die mich stutzen lässt. Er schreibt, er wolle nicht arrogant klingen, aber es sei bestimmt nicht leicht gewesen für mich, ohne Vater aufzuwachsen. Und er fragt: Hast du Babyfotos?

14. März: Die zweite Lektion, die ich aus meiner Vatersuche ziehe, ist die, dass man Gedanken und Ge-

fühle nicht voraussagen kann, besonders wenn es für Situationen kein Skript gibt, wie für diese hier. Heute bin ich durch die Stadt spaziert und habe gemerkt: Die Frage nach den Babyfotos hat etwas in mir ausgelöst. Es fühlt sich an wie ein Monster, das faucht: Hey, nur weil du mich gezeugt hast, hast du noch lange kein Anrecht auf meine Vergangenheit! Ich schreibe zurück, dass ich lieber nur die Gegenwart mit ihm teilen will.

15. März: Heute ist es genau eine Woche her, dass die erste Mail eingetroffen ist, und ich versuche mir das Gegenteil einzureden, doch die Wahrheit ist: Die Nachrichten sind frustrierend. Er schreibt viel von seinen Schuldgefühlen und erzählt herzzerreißende Geschichten über traurige Töchter, die ihren Vater suchen. Er will einfach nicht wahrhaben, dass meine Kindheit nicht traumatisch war. Ich stelle viele Fragen: Wo lebst du? Was tust du? Was ist damals passiert? Er beantwortet keine, außer die zu seiner Lieblingsband: Kings of Leon – eine Band, die ich leider grauenhaft finde.

Über die Jahre habe ich vermutlich jeden Aphorismus gelesen, den es zum Thema Vater im Internet gibt. Vieles halte ich für Quatsch. Nietzsche schrieb etwa: »Wenn man keinen guten Vater hat, so soll man sich einen anschaffen.« Ich denke: Einen Vater kann man sich doch nicht »anschaffen«. Und was ist, wenn es gar keinen Vater braucht für das Glück? Und gleichzeitig kommt mir in den Sinn, dass ich als Kind mal eine Zeit lang behauptet habe, dass der damalige Schweizer Bundespräsident Moritz Leuenberger bei meiner Geburt dabei gewesen sei. Sehnte ich mich doch mehr nach Stabilität, als ich wahrhaben will?

16. März: Endlich habe ich mich getraut, meine Mutter anzurufen und ihr die ganze Geschichte von der Vatersuche zu erzählen. Ich höre sie am anderen Ende der Leitung rauchen und habe Angst, dass sie wütend wird. Doch dann meint sie überraschend: »Ich wusste, dass dieser Tag kommen wird, und kann nur sagen: Ich vertraue dir voll und ganz. Wenn jemand überlegt mit solchen Situationen umgeht, dann du.«

17. März: Er macht mir langsam Angst. Mein Vater hat mir innerhalb weniger Stunden vier Mails geschickt. Geschrieben hat er wenig, dafür gezeichnet. Sechs gescannte Skizzen von blauen Augen, ein Selbstporträt und ein Bild von mir. Die Vorlage, das erkenne ich sofort, ist ein fünf Jahre altes Foto, das man auf Google findet. Ich sitze in der Bibliothek und habe Angst, nach Hause zu gehen. Auf einmal bin ich überzeugt, dass mein Vater mich verfolgen wird, meine Grenzen nicht respektiert. Ich erschrecke, als ich diesen Satz denke. Ich will diesen Satz nicht denken.

18. März: Wenn ich die Augen schließe, sehe ich das Bild, das er von mir gemalt hat. Wie er meine langen Haare mit dicken Strichen um mein Gesicht gezeichnet hat, wie er meine Haut grau eingefärbt hat. Warum stresst mich diese Skizze so? Machen sich Eltern nicht immer ein Bild von ihren Kindern? Und ist vielleicht genau dieses Sich-missverstanden-Fühlen das definierende Merkmal einer Vater-Tochter-Beziehung?

19. März: Am besten am Erwachsensein finde ich, dass man den Kontakt zu Leuten abbrechen kann, die einem nicht guttun. Und das Zweitbeste ist, dass man sich aus lieben Freundinnen und Freunden eine

Wahlfamilie zusammenbasteln kann. Daher frage ich mich: Dürfte ich den Kontakt zu meinem Vater abbrechen, wenn ich merke, dass wir uns nicht guttun? Oder müsste ich versuchen, mit ihm klarzukommen, weil wir verwandt sind? Ich schreibe ihm eine Mail und bitte um einige Tage Abstand.

In den letzten Jahren habe ich mit meinen Freund*innen oft darüber gesprochen, wie uns unsere Eltern geprägt haben, und wir sind dabei zu einer interessanten These gelangt. Wir alle teilen die Beobachtung, dass Kinder aus nicht ganz üblichen Verhältnissen tendenziell weniger selbstbewusst und furchtlos durchs Leben gehen als solche aus klassischen Mutter-Vater-Kind-Familien. Dafür haben es viele der ängstlichen Kinder geschafft, ihre Sensibilität während der Pubertät in eine Art Superkraft zu verwandeln. Weil sie häufiger auf sich selbst gestellt waren, sind sie besser darin, sich selbst Geborgenheit zu schenken. Und sagen wir es mal so: Selbstzweifel sind mein größtes Problem, das Alleinsein mein kleinstes.

3. April: Mein Vater gratuliert mir zum Geburtstag, es ist die erste Mail nach der Funkstille. Er fragt, wie ich mich damit fühle, meinen Vater gefunden zu haben. Ich schreibe zwei Tage lang an einer Mail, dann schicke ich sie ab.

Du fragst, wie ich mich fühle, meinen Vater gefunden zu haben … und das Ding ist, es fühlt sich gar nicht danach an. Ich habe zuvor nie darüber nachgedacht, was der Begriff Vater eigentlich für mich bedeutet, wie ich ihn definieren würde. Es gab ja bisher nicht wirklich einen Anlass dazu. Nun, seit unserem Kontakt, habe ich aber verstanden, dass der Faktor Zeit offenbar zentral für mich ist und ich deshalb wohl nie einen Vater im klassischen Sinn haben werde. Das bedeutet aber auf keinen Fall, dass ich Dich nicht kennenlernen will oder ich mich nicht um Dein Wohl sorge. Ich will einfach keine falschen Erwartungen schüren und Dich enttäuschen.

29. April: Seit drei Wochen warte ich vergeblich auf eine Antwort. In meinem Kopf gibt es zwei Szenarios. Erstens: Ihm geht es so schlecht, dass er nicht antworten kann. Die Schuldgefühle lähmen ihn. Szenario zwei: Es ist ihm doch nicht so wichtig.

19. Mai: Meine Gefühlslage schwankt zwischen Ärger und Selbstzweifeln. War meine Mail zu harsch?

11. Juni: Ich sitze auf einer Parkbank und formuliere zum hundertsten Mal eine versöhnliche Mail an ihn, die ich nicht abschicke.

12. Juni: Ich hoffe so sehr, dass es ihm gut geht.

26. Juni: Im Nachhinein biegt man sich ja immer eine Erzählung zurecht, die erklären soll, warum man geworden ist, wie man ist. Und da bietet es sich natürlich an, den Eltern an allem die Schuld zu geben. Aber nun denke ich: Ich will selbst entscheiden, inwieweit mich meine Herkunft definiert. Wenn ich davon überzeugt bin, dass ich das in der Hand habe, fühle ich mich stark und erwachsen.

27. Juni: Nichts während dieser Vatersuche ist gekommen, wie ich mir das gedacht hatte. Nach all den Wochen, in denen ich auf eine Antwort wartete, wird die Stille schmerzhaft. Ich frage mich, warum ich keine gemeinsame Sprache finde mit der Person, die mich in die Welt gesetzt hat.

28. Juni: Das Schwierigste ist die Einsicht, dass ich wohl nie Antworten finden werde auf die Fragen, wer er eigentlich ist und was ihn all die Jahre daran gehindert hat, sich bei mir zu melden. Dafür hatte ich heute eine Einsicht. Es klingt albern, aber ich stand im Supermarkt und packte meine Einkäufe ein, Seife, Milch, Olivenöl, und dachte: Wow, sieh dir das an! Du kaufst all dieses Zeugs mit selbst verdientem Geld! Du hast einen Job, Freund*innen, Träume! In diesem Moment verstand ich die wohl wichtigste Lektion der letzten Wochen. Ich verstand, dass ich nun tatsächlich fertig gebacken bin und das Leben losgehen kann.

29. Juni: Ich sitze in der S-Bahn, und mich übermannt ein Gefühl der Liebe und Dankbarkeit für meine Mutter. Ich wende mein Gesicht ab, damit die anderen Passagiere meine Tränen nicht sehen. Dann zücke ich mein Smartphone und schreibe ihr eine SMS: »Danke für unser kleines Matriarchat.«

WURSTELN

Als Kind posaunte ich in die Welt hinaus, dass ich einst mit der NASA ins All fliegen werde. Inzwischen zahle ich Altersversicherungs-Beiträge und rätsle beim Feierabendbier, wie ich all die Projekte unter einen Hut bringen soll, bei denen ich so halb dabei bin. Der sinnstiftende Traum hat sich verzogen, und an seine Stelle ist das Wursteln getreten, dieses farblose Dauerbeschäftigtsein, das ich bei so vielen Gleichaltrigen beobachte. Wie zur Hölle ist das passiert?

Eines vorweg: Das Wursteln ist ein Ausdruck des Wohlstands. Zumindest in meinem Umfeld stimmen das blinde Herumstressen und die finanzielle Notwendigkeit nicht richtig überein. Häufig manövrieren sich die Wurstler*innen gar freiwillig in prekäre Situationen, da sie sich im Verzetteln zwischen Praktikum, Kunstprojekt und Yogaausbildung mehr Erfüllung erhoffen als im Vollzeitjob. Und es irgendwie peinlich wäre, so groß zu träumen wie früher. Also pflastern wir uns die Tage mit Terminen zu, obwohl wir das krasse Privileg hätten, auch mal den Kopf aus dem Sumpf zu recken und zu fragen: Wo führt das alles hin?

Das Wursteln ist aber nicht nur ein Luxusproblem, es ist charakteristisch für den Zeitgeist. Schon 1979 schrieb Jean-François Lyotard, die Postmoderne sei das Ende der »großen Erzählungen«. Damit meinte er, dass die Welt nicht mehr anhand eines Prinzips (wie etwa Gott) begriffen wird, sondern anhand eines Durcheinanders von Erklärungen. Mit dem Wursteln ist es ähnlich. Statt einem Leitnarrativ zu folgen (Reise ins All), fühlen wir uns wohler, wenn wir ein bisschen von diesem und jenem tun. Vielleicht, so denke ich, hat das kopflose Wursteln aber auch mit dem Internet zu tun. Zumindest auf eine Art. Da navigieren wir uns ja permanent durch ein Meer von Optionen und Tabs, kann doch sein, dass wir schlicht verlernt haben, uns für einen Plan zu entscheiden.

Nun will ich aber gar nicht flexibel bleiben. Im Gegenteil. Ich hätte gerne den Mut, ein Vorhaben richtig durchzuziehen; am besten eines mit kindlichem Pathos. Doch habe ich Angst, mich auf das Falsche festzulegen, also werkle ich lieber in der Mikroperspektive vor mich hin. Das Wursteln ist in anderen Worten eine Strategie, um nicht im Weltblick denken zu müssen. Bei dem Gedanken, dass ich bloß eine einzige Chance habe, die Zeit auf Erden richtig zu nutzen, wird mir nämlich angst und bange.

SCHWINDELGEFÜHL

Vom Leben bin ich eigentlich immer überfordert. Also nicht vom Mietezahlen, Pflanzengießen und Freundschaftenpflegen, das bekomme ich mittlerweile recht gut hin. Ich meine, mit dem Leben an und für sich: Dass wir Zeit auf Erden bekommen, aber nur ein paar lächerliche Jahrzehnte.

Diese Absurdität lässt mich immer wieder verzweifeln. Ich denke: Warum soll ich mich überhaupt bemühen, wenn eh bald alles vorbei ist? Und dann überrollt mich eine Existenzkrise, in der eigentlich nur noch Atemübungen und Jean-Paul Sartre helfen.

Das mag wie ein Satz klingen, mit dem man angibt; es ist aber mein voller Ernst. Denn Sartre hat eine Theorie über das Menschsein entwickelt, die unglaublich viel Mut macht. In seinen Texten versichert er seinen Leser*innen nämlich: Hey, es ist voll okay, mit dem Grundkonzept des Lebens überfordert zu sein, denn das Leben ist untrennbar mit einem »Schwindelgefühl der Angst« verknüpft. Das Unbehagen kommt daher, dass es keinen vorgeschriebenen Weg gibt, um zu leben (Sartre war Atheist), und wir ständig Entscheidungen treffen müssen, um unser Menschsein zu definieren. Anders gesagt: Wir sind, existenziell gesehen, frei.

Natürlich, so Sartre, gibt es Faktoren wie unsere Herkunft oder unsere Umwelt, die unsere Entscheidungen beeinflussen. Doch diese Faktoren sind erst der Grund, weshalb unsere Freiheit etwas bedeutet. Sartre betrachtet diese Größen nicht als Einschränkungen, sondern als Bedingungen für unsere nächsten Entscheidungen. Er trieb dieses Argument auf die Spitze, indem er sagte: Sogar wenn wir sterben, können wir schließlich entscheiden, wie wir dem Tod begegnen.

Das klingt jetzt vielleicht nicht gerade ermutigend, aber Sartre leitete daraus eine faszinierende Idee ab. Er sagte: Wenn wir nur das sind, was wir uns entscheiden zu sein, haben wir die Chance, nur so zu handeln, wie es unseren moralischen Werten entspricht. Also: Gerade weil alles sinnlos und absurd ist, haben wir die Chance auf ein sogenannt »authentisches Leben«. Das Fiese ist nur, dass man sich dafür zuerst einmal diesem ekligen »Schwindelgefühl der Angst« stellen muss.

Weil viele Menschen aber zu überfordert seien mit dem Ausmaß dieser Verantwortung, redeten sie sich ständig ein, ihr Leben bestehe nur aus Zwängen: »Im Job bin ich unentbehrlich, ich brauche diesen neuen Gucci-Loafer, wenn der Wecker klingelt, muss ich aufstehen.« Solche Aussagen nennt Sartre »Geländer gegen die Angst«, und er plädiert dafür, sie zu hinterfragen.

Das fand ich revolutionär. Auf die Idee, dass es *gerade* angesichts der Absurdität der menschlichen Existenz möglich ist, besonnen zu handeln, wäre ich nie gekommen. Doch seit ich diesen Gedanken kenne, verteufle ich meine Angst und die zuverlässig wiederkehrenden Existenzkrisen nicht mehr, sondern versuche sie als Chance zu sehen, um mehr über das Leben zu erfahren.

SUMMA CUM GAUDI

Die Universität habe ich als eine Zeit in Erinnerung, in der ich sehr viel geraucht habe. Am besten tat man das vor dem Thomas-Mann-Haus, da hatte man eine Bombenaussicht auf die Zürcher Altstadt, oder an der Doktor-Faust-Gasse, gleich neben dem Hauptgebäude. Man konnte zu jeder Tageszeit zur Doktor-Faust-Gasse gehen, und da waren wunderschöne Leute, die rauchten und interessantes Zeug diskutierten. Wäre ich an der Uni geblieben, hätte ich nie mit dem Rauchen aufgehört.

Wichtig war auch der Kaffee. Nach ein paar Jahren hatte man raus, wo es den besten gibt. Sicher nicht in der Mensa, der schmeckt nach Kanalisation und Erde. Ganz schlimm war auch der aus den Automaten auf den Stockwerken, bei denen niemand weiß, ob die jemals gereinigt wurden. Am besten war der beim Kiosk, gleich neben der Doktor-Faust-Gasse, vielleicht ist der Ort auch darum das soziale Epizentrum des universitären Lebens. Sehr oft bin ich am Nachmittag dann gar nicht mehr ins Seminar, sondern habe mich mit Kaffee und Zigarette in irgendeine Diskussion verstrickt, aus der ich nicht mehr rauskam.

Nach dem Schulabschluss waren (fast) alle Kids aus meiner Klasse erst mal »reisen«. Also ließen sie sich von den Eltern einen Trip nach Australien bezahlen, wo sie Englisch lernen sollten, aber eigentlich nur besoffen mit Dosen nach Kängurus warfen. Ich hatte a) keine reichen Eltern, die mir so was finanziert hätten, und konnte b) die Uni kaum erwarten. Ich war eher ein Teenager von der Sorte: schreibt in ihr Tagebuch, wie sehr sie Hermann Hesse liebt. Meine Erwartungen ans Studium waren hoch. Ich malte mir aus, dass alle nur über Bourdieu reden wollten und gut aussähen, wie in *The Graduate* – französisch und sexy. Nichts Verschultes mehr, intellektueller Durst in der Luft und am Abend dann in der Kneipe feiern. Einerseits kam es genau so, andererseits genau umgekehrt.

Meine Zeit an der Universität Zürich war eine Mischung aus dem, was die Leute glauben, das die Uni heute ist, und dem, was die Leute glauben, das die Uni einmal war. Symbolisch dafür steht das Wort Bologna. Zum einen ist das eine Reform, die Ende der Neunzigerjahre eingeleitet wurde, um das Studium zu strukturieren, die Fächer in ganz Europa vergleichbar zu machen und die Effizienz des Universitätsbetriebs zu steigern. Die Message war: Das Rumeiern ist vorbei, Leute, die nach 32 Semestern noch keinen Abschluss haben, darf es nicht mehr geben.

Neu gab es ECTS-Punkte, Deadlines, Anwesenheitspflicht. Die Universität wurde genauso vom Productivity-Management-Denken erfasst wie jeder andere Bereich des Lebens. Und darum haben die Leute, die früher studiert haben, das Gefühl, bei ihnen sei alles besser gewesen, da habe man noch Zeit gehabt, sich durch *The Decline And Fall of the Roman Empire* zu kämpfen und Kockas Thesen zu diskutieren. Heute sei es mehr so ein Studium light. Und sowieso: die Jungen von heute. Die wollen doch nur noch den CV pimpen, Geld verdienen und Tide Pods fressen.

Das Wort Bologna hat aber noch eine andere Bedeutung. Es ist auch der Titel eines Liedes der Band Wanda. Die vier Jungs aus Wien sind bekannt dafür, auf Konzerten betrunken von der Bühne zu fallen, und in dem Lied besingen sie ein Lebensgefühl der Sinnlichkeit und des Exzesses (»Wenn jemand fragt, wofür du stehst, sag für Amore!«), und ich glaube, es geht auch um einen Inzest, weil der Sänger in seine Cousine verliebt ist. Jedenfalls ist das Feeling wild, draufgängerisch, das komplette Gegenteil von ECTS-Punkten. Zu diesem Song lag ich während des Studiums oft irgendwelchen Leuten morgens um vier in den Armen und brüllte mir die Seele aus dem Leib, nachdem ich den Nachmittag in der Bibliothek verbracht hatte, um einen Althusser-Text zu entziffern. Also etwa so, wie man sich das Studium 1968 in einer Kitschvorstellung ausmalt. Wer also nicht zu abgelöscht ist, kann heute beides haben: Bologna I und II.

Das Erste, was ich an der Universität lernte, war, dass es fünf Arten von Leuten im Seminar gibt.

1) die, die gar nichts sagen, weil sie den Text nicht gelesen haben;

2) die, die nichts sagen, weil sie den Text nicht verstanden haben;

3) die, die den Text verstanden haben und konstruktiv diskutieren;

4) die, die den Text gelesen haben und sich melden und irgendwas sagen, um dem Prof zu zeigen, dass sie den Text gelesen haben, was aber überhaupt nicht in den Fluss der Diskussion passt;

5) die, die sich melden und eine persönliche Anekdote erzählen, immer, egal zu was. (Ich weiß nicht genau, was deren Motivation ist, ich glaube, es geht darum, auch mal was gesagt zu haben, aber vielleicht sind sie einfach nicht so schlau.)

Es ist also schwierig, ein Seminar zu finden, in dem der Mix der Leute eine lehrreiche Lehrveranstaltung ermöglicht, und du kannst echt Pech haben und ein Semester lang in so Anekdotenkursen hocken und dich fragen, wie das schon wieder passieren konnte, und darüber grübeln, warum die Profs nichts sagen, und dann abschweifen und darüber nachdenken, ob es noch Joghurt im Kühlschrank gibt und ob die Deadline von nächster Woche zu schaffen ist, wenn am Freitag dieses Geburtstagsessen ist.

Ich selbst würde mich irgendwo zwischen Typ 3 und 4 verorten. Als ich an die Uni kam, war ich nämlich total eingeschüchtert von den älteren, hübschen Student*innen, die im Seminar ihre Žižek-Zitate droppten und sich in Diskussionen auseinandernahmen – und mich null ernst nahmen. Also habe ich das erste Jahr damit verbracht, alles zu lesen, was mir in die Finger kam, um mit den Macho-Marxisten mitzuhalten. Innerhalb kurzer Zeit legte ich mir einen neuen Jargon zu und benutzte Begriffe wie »antizyklisch«.

Wenn ich an die Uni denke, denke ich an dieses WC im vierten Stock des Hauptgebäudes, wo man nachmittags mit offener Türe aufs WC gehen konnte und dabei die prächtigste Aussicht auf die Alpen hatte; ich denke an die latente Angst, die man mit sich trägt, weil man nicht weiß, was nach dem Studium kommt, und man ständig gefragt wird: »Und … weißt du schon, was du nachher machst?« Ich denke an die Nachmittage in der Bibliothek, an denen ich einen Text fünfmal durchging mit fünf verschiedenen Farben Stabilos, weil ich nichts verstand, und daran, dass das Blatt nachher aussah wie ein Regenbogen auf Speed. Ich denke an den Professor, der mich mal vor versammeltem Seminar fragte, ob ich mit einem schmutzigen Mönch Sex haben würde, weil er einen Punkt über die mangelnde Hygiene in der Frühen Neuzeit machen wollte.

Dann das Essen. Es gab jeden verdammten Mittag Leute, die sich über das Essen beschwert haben. Bratwurst zu trocken, Pommes zu salzig, zu viel Glutamat in dem undefinierbaren Veggie-Gemüse-Ding (Wok?). Aber denen sollte echt mal einer auf die Schnauze hauen. Das kostet 5.20, und da kannst du nichts sagen. Die Mensa hat uns gut versorgt, und ich habe viel Liebe für alle Mensa-Mitarbeitenden, die uns über Jahre hinweg jeden Tag aushielten. Gut finde ich auch, dass sie knallhart waren, wenn es um den Studierendenausweis ging. Wenn du ihn nicht dabeihast, dann zahlst du extern! Das schmerzt, aber es war ihre Rache für unsere Schnöseligkeit, und wir haben es verdient. Sonst habe ich die Mittage als ein Highlight des Studiums in Erinnerung. Es konnte immer etwas

Unerwartetes passieren. Man wusste nie, wer noch dazustoßen könnte, man aß in Gruppen und roch nachher nach Bratfett. Himmlisch.

Das Schönste an der Universität war das Denken. Verschiedene, sich widersprechende Gedanken gleichzeitig zu jonglieren. Diese Art des Denkens, wenn eine einfache Frage – etwa: Was ist eine Nation? – plötzlich so kompliziert wird, dass sie dein Hirn sprengt. Die Uni lehrt dich: Wenn es schwierig wird, macht es Spaß. Und am meisten Spaß macht es, wenn du diese komplizierten Gedanken mit Menschen teilen kannst, die ähnlich denken wie du oder wenigstens die gleichen Bands mögen. Das Denken hat etwas Poetisches, weil es ein wenig ist, wie wenn man vor einem Kunstwerk steht und ständig neue Details entdeckt. Müsste ich wählen, würde ich alles andere eher hergeben als dieses Denken.

Ich habe Geschichte studiert. Wenn ich mir anschaue, was die Geschichtswissenschaft für eine Entwicklung durchgemacht hat, werde ich optimistisch. Am Anfang waren da Historiker wie Leopold von Ranke, die sich ausschließlich für die großen Herrscher interessierten. Dann kamen Marxisten wie Eric Hobsbawm, die fanden: Hey, was ist mit den Arbeiter*innen? Die müssen in der Geschichtsschreibung auch vorkommen! Und dann Feminist*innen, die bemängelten, dass die Frauen vernachlässigt wurden. Kurz: Die Geschichtswissenschaft ist inklusiver geworden. Das gefällt mir. Genauso wie die theoretischen Spinnereien hinter dem Fach, etwa der Dekonstruktivismus.

Als mir in einem Seminar zum ersten Mal vorgemacht wurde, wie man ein Konzept hinterfragt und eben: dekonstruiert, war ich baff. Da tat sich eine Welt auf, es wurde bunt. Eine Nation ist nicht einfach eine Nation, quasi von Natur aus. Da braucht es einen Zeitgeist, eine Geschichte, einen Mythos und Interessen. Das Symbolische und das Faktische durchdringen sich komplex. Wow.

Die Partys waren auch wichtig. Eine Zeit lang gab es eine Studi-Party im Plaza, jeweils donnerstags, weil: Wer geht am Freitag schon in die Vorlesung? Da ging man manchmal hin, aber nur ironisch und als Gruppe und klaute Wodka von hinter dem Tresen, wenn der Barkeeper nicht guckte. Gut war auch der ASVZ (der Uni-Sport), da konnte man zu Jennifer-Lopez-Remixes Squats machen, und der Trainer sagte Sachen wie: »Summer bodies are made in winter« und meinte das tatsächlich so. Oder: »Wenn du wirklich nicht mehr kannst, dann mach noch zwei.« Es war die Antithese zum Dekonstruieren im Seminar. Im ASVZ waren Dinge wie Poststrukturalismus egal, und das war gut so.

Aber es war nicht alles rosig. Das Studium hat mich auch mächtig gestresst. Bologna ist super für Leute, denen man in den Hintern treten muss, damit sie eine Arbeit schreiben. Aber Bologna ist der Horror für Leute, die das eh schon können, sich strukturieren, und dann ob dieses Reward-Mechanismus durchdrehen, weil sie Streber sind oder von guten Noten high werden. Vor meinem Bachelor hatte ich etwa solche Angst, eine Prüfung nicht zu bestehen, dass ich jeden Tag dafür lernte, drei Monate lang, und aufhörte zu essen, und als der Test vorüber war (Bestnote), stand ich eines Tages in der Dusche, und meine Haare fielen büschelweise aus, weil ich mangelernährt war.

Apropos Horror: In einer Politikvorlesung hatte ich mal ein Semester lang einen Abercrombie & Fitch-Typen in der Reihe vor mir, der immer nur Basketball geschaut hat auf dem iPad. Im Nachhinein dachte ich: Der Typ war symbolisch für den abgelöschten Bologna-Vibe. Die Uni soll einen unterhalten wie Netflix, und wenn die ECTS-Punkte mal eingesackt sind, kann man den Stoff wieder vergessen. Ich habe mich immer geärgert über solche Typen. Warum bist du hier, wenn du keine Lust auf Wissen hast? Wo ist dein Feuer? Du bist genauso öd wie diese Mädchen in der Schule, die immer gefragt haben, ob etwas »prüfungsrelevant« ist.

Den unwirtlichen Bologna-Vibe habe ich nur selten in Reinform abbekommen (eigentlich nur, wenn ich in der Politik mit sechshundert anderen Menschen eine Prüfung schrieb und dachte: Wow, ich bin nur ein kleines Sandkorn, das ein paar Bullet Points auswendig gelernt hat). Die Geisteswissenschaften waren ja eine der letzten widerständigen Bastionen. Und selbst wenn die Profs Bologna-Fans wären, man wüsste schlicht nicht, wie das gehen soll. Die Geschichte effizienter zu machen wäre etwa so, wie wenn man die Seniorenpflege effizienter gestalten wollte. Man könnte es vielleicht tun, aber das Wesentliche bliebe auf der Strecke. Darum fristen die Geisteswissenschaften so was wie eine Parallelexistenz zu Leistungsfächern wie Jura und Bio. Wir machen weiter wie bisher und hoffen, niemand merkt es.

Am meisten ärgerten mich im Studium die Jura-Studierenden, die hatten immer so krasse Lernphasen, dass die wochenlang nichts anderes taten. Einmal ging ich in die Calatrava-Bibliothek lernen (die fancy Jura-Bibliothek hinter dem Hauptgebäude). Da stehen die Leute um acht Uhr morgens an, als wäre es der heißeste Club der Stadt, und dann stürzen sie rein, du kriegst einen Ellbogen in die Seite gerammt auf dem Weg in den Lesesaal. Ihre Bibliothek ist um 8.02 Uhr immer schon voll, weshalb sie dann auf »unsere« Bibliotheken ausweichen. Da kommen sie mit ihren ZGBs und ORs, diesen völlig abstrus dicken Gesetzeswälzern, legen die auf den Tisch. Dann sind sie zehn Minuten auf WhatsApp, gehen Kaffee trinken oder was weiß ich und werden nie mehr wiedergesehen, bis die Bibliothek schließt. Darum gab es nie Platz für uns zum Lernen.

Auch politisch war tote Hose. Eine kritische Auseinandersetzung mit der Institution war ein Minderheitenphänomen. Die Identifikation mit der Bildungsstätte war wohl schwach. Man ging da halt hin, um sein Diplom zu kriegen. Exemplarisch konnte man das beim VSUZH-Rat, dem Studierenden-Parlament, sehen. Die Forderungen gingen da mehr in die Richtung von »Mikrowellen für alle« als »Revolution jetzt«! Die studentische Uni-Politik war brav und bürokratisch. Die Einzigen, die ab und zu Radau machten, waren die »außerparlamentarischen« Linken, die selbst Vorträge organisierten oder solche von Pharmabossen oder Sepp Blatter störten, was ich Spitzenklasse fand.

Das Gute: Ich glaube, alle können an der Uni ihr Plätzchen finden, wenn sie ein wenig suchen. Ich habe meines bei der Zürcher Studierendenzeitung gefunden. Ich war neunzehn und habe einen Artikel geschrieben über den Protest gegen einen Vortrag der IWF-Chefin. Das war am 8. Mai 2012 und in der Redaktion saßen drei Jungs, hörten The Smiths und tranken nachmittags Bier. Ich wusste: Da will ich hin. Also drängte ich mich auf, ein Jahr später zog ich praktisch in dieses lottrige Haus unweit des Campus ein. Es gab eine alte Küche, wo immer Pasta-Reste im Abflusssieb hingen, und überall lagen CD-ROMs und klebrige Weinflaschen herum. Wir machten sechsmal im Jahr eine Ausgabe. Ich kniete mich richtig in die Universitätspolitik rein und verstand: Ah, die Universität ist wie die echte Welt, einfach in klein, da gibt es Lobbys, Proteste, Interessenvertreter. In der Redaktion habe ich Freund*innen fürs Leben gefunden. Dort war die Uni, wie ich sie wollte.

Es gibt die hippen Professor*innen, die haben so was wie Fanclubs, und dann trifft man sich jedes Jahr wieder in ihren Kolloquien. Diese Profs haben Spitznamen, eine Aura, man kennt sie, wenn man mit dem Studium anfängt. Das sind auch die Profs, die in den Medien vorkommen und etwas verwirrt sind, und wenn sie reden, beginnen sie irgendwo, und du denkst, hä, was hat das mit dem Thema zu tun?, aber dann schleifen sie den Gedanken ein, und alles, was sie bisher gesagt haben, spannt sich zu einem logischen Ganzen zusammen, und du hockst da und staunst angesichts der Genialität dieses Menschen und wirst ein bisschen traurig, weil du nie so klug sein wirst, doch dann erinnerst du dich, dass die sehr viele Stunden in der Bibliothek verbracht haben und du dafür am See, und alles ist okay.

Was ich nicht gecheckt hatte, war, wie sehr mir die Universität eine Struktur gab. Du hast jeden Dienstag eine Vorlesung, aber hingehen musst du nur, wenn du a) nicht zu verkatert bist, b) Lust hast und es c) nicht regnet. Es ist perfekt. Dein Leben hat einen Sinn, du sammelst diese Punkte und strebst einem Diplom entgegen. Danach gibt es niemanden mehr, der dich bewertet, und du fragst dich: Ja, wie zur Hölle weiß ich jetzt, ob ich auf dem richtigen Weg bin? Manchmal wünschte ich mir, mein Leben wäre wieder verschulter. Das Studium ist die perfekte Mischung zwischen Sozialem, Inhaltlichem und Selbstverwirklichung.

Wenn ich an die Universität denke, denke ich daran, wie ich mich nach dem Seminar unter Apéros gemischt (weil es an der Uni jeden Tag irgendwo einen Apéro gibt) und mir einen Schwips angetrunken habe. Ich denke an die Cornflakes, von denen ich mich mehrheitlich ernährt habe, weil das für mich der Inbegriff des Erwachsenseins war: Essen, was ich will, mag es noch so trashy sein. Und ich erinnere mich an den Ausblick von der Bibliothek auf die roten Dächer der Zürcher Altstadt, dieses Gefühl von Über-der-Stadt-Schweben. Ich erinnere mich ganz allgemein an ein Traumgefühl, an Wärme und Geborgenheit.

Das Studium ist die Zeit, in der man noch alles vor sich hat, es ist eine Blase, in der man sich einreden kann, dass das Beste noch kommt und alles, was jetzt ist, noch nicht so richtig zählt. Es ist eine Testphase, in der man die grauenhafte Pubertät hinter sich hat – sich aber noch ein wenig vor dem Ernst des Lebens drücken kann.

WELTSCHMERZ

Manchmal verzweifle ich an der Welt. An den EU-Außengrenzen wird auf Menschen geschossen. Es gibt Hass, Corona, TikTok-süchtige Teenager, schmelzende Polkappen und die seelenlose Musik von Ufo361. An manchen Tagen möchte ich am liebsten im Bett bleiben und heulen. Oder ganz viel Gin trinken und bitter werden wie Angostura.

In letzter Zeit ist mir irgendwie die Hoffnung abhandengekommen, dass es schon gut kommt mit der Welt. Vielleicht habe ich aber auch nur die Hoffnung verloren, dass ich persönlich, in meinem Schweizer Disneyland, vor allem Bösen gefeit bin. Immer wieder denke ich: Wir haben diese Erde bekommen … und das machen wir daraus? Natürlich weiß ich, dass es auch Ermutigendes gibt, wie die Musik von Lizzo oder die streikenden Jugendlichen, aber die Gesamtsituation scheint mir ziemlich düster. Vermutlich geht es mir ein wenig wie dem deutschen Schriftsteller Johann Paul Friedrich Richter, der im 19. Jahrhundert eine »tiefe Traurigkeit über die Unzulänglichkeit der Welt« verspürte, und das Wort »Weltschmerz« erfand (sein

Germanismus wird heute in Dutzenden Sprachen verwendet). Damals definierte er den Begriff als Mischung zwischen einer traurig stimmenden Weltlage und dem Gefühl, nichts daran ändern zu können.

Das Gemeine am Weltschmerz ist, dass er so diffus ist. Er fühlt sich an wie ein Unbehagen ganz weit hinten im Hals, das wächst und wächst, aber nie richtig sichtbar wird. Es fühlt sich an wie ein Zucken in der Magengegend, wenn man die Nachrichten liest und sich die Frage stellt, wie es diese Welt da draußen geben kann, wenn man doch selbst diese unverschämte Normalität hat mit Deadlines, Pesto-Spaghetti und Abenden, an denen man heimlich *Love is Blind* guckt.

Das Schlimmste ist aber die Ohnmacht. Oder zumindest für mich gibt es kaum etwas Niederschmetternderes, als wenn ich Flaschen recycle, den Zug nehme, auf Demos mitschreie und zugleich sehe, wie die USA aus dem Pariser Klimaabkommen aussteigen und die Schweiz mal eben Kriegsmaterial im Wert von 273 Millionen Franken exportiert. Das lähmt mich. Vor zehn Jahren glaubte ich wenigstens noch ehrlich an Veränderung und stellte mich jede Woche an den Limmatplatz, um für irgendwas Unterschriften zu sammeln, aber heute bin ich skeptisch.

Mein Weltschmerz hat Konjunktur, doch immer wenn mich der Pessimismus beinahe auffrisst, zwinge ich mich zu sagen: Stopp. Es mag stimmen, dass vieles in der Welt schiefläuft, aber wenn du Panik schiebst oder in Selbstmitleid versinkst, hilft das genau niemandem. Wie gesagt, ich weiß auch nicht, was die Lösung ist, aber ich glaube, sie hat viel mit Solidarität und Standhaftigkeit zu tun. Jedenfalls klebt jetzt ein Zettel an meiner Tür, auf dem steht: »Albert Camus: Die höchste Form der Hoffnung ist die überwundene Verzweiflung.«

NORMALITÄT

Im Moment heißt es überall, dass es jetzt – nach der Krise – darum gehe, zur Normalität zurückzukehren. Und ich frage mich: welche Normalität?

Natürlich gab es vor dem Frühjahr 2020 eine Zeit, die irgendwie geordneter wirkte. Man konnte in Bars Negronis teilen, Hände schütteln, sorglos herumniesen. Aber »normal« schien mir auch diese Zeit nie.

Ich meine: Schon vor der Pandemie schlug ich jeden Morgen die Zeitung auf und dachte: What on earth! Ich habe sogar ein Worddokument angelegt, um Fakten zu sammeln, die mir besonders surreal vorkamen, wie etwa: Grönland verliert jedes Jahr 200 Gigatonnen Eis. Und eine Gigatonne Eis würde in Form von Wasser ausreichen, um 400000 olympische Schwimmbecken zu füllen. Oder: Die fünf wärmsten Jahre seit Beginn der systematischen Messungen waren (in absteigender Reihenfolge) 2016, 2019, 2015, 2017 und 2018.

Natürlich verstehe ich, dass mit »Rückkehr zur Normalität« derzeit auch gemeint ist, dass man seine Großmutter wieder umarmen kann und das Leben an Leichtigkeit zurückgewinnt. Das alles will ich ja auch. Aber mir graut davor, dass nun ein Vorher normalisiert wird, das gar nie normal war, nur weil wir gesehen haben, wie schlimm es auch sein könnte. Es irritiert mich, mit welcher Selbstverständlichkeit Journalist*innen und Politiker*innen von *back to normal* reden.

Ich glaube, ich störe mich so an dieser Formulierung, weil »Normalität« für mich eines der mächtigsten Worte überhaupt ist. Es beschreibt das, was in einer Gesellschaft nicht mehr erklärt oder diskutiert werden muss: das unsichtbare Regelwerk. Und wie der Philosoph Michel Foucault schreibt, spiegelt die Definition von »Normalität« ja nicht nur, was ist, sondern prägt die Wirklichkeit in bedeutender Weise mit. Seit es zum Beispiel als »normal« gilt, von Zürich nach Paris zu jetten, tun die Leute das auch. Und genau deshalb wünschte ich mir, es würde nicht so unbedacht von der »Rückkehr zur Normalität« geredet.

Nützlich scheint mir der Hinweis auf die »Normalität« in diesem Kontext sowieso nicht. Erstens frage ich mich: normal in Bezug worauf? Und zweitens stimmt, was der Philosoph Alain de Botton sagt – nämlich, dass jedes konstruktive Gespräch zu Ende ist, wenn das Argument fällt »Wir handeln so, weil es normal ist«. Ich wundere mich also wirklich, warum wir nun nicht darüber diskutieren, was wir in Zukunft für »normal« halten wollen. Das einzig Gute am Begriff ist ja, dass er alles andere als fix ist. Oder wie es der irische Dramatiker und Literaturnobelpreisträger Bernard Shaw formulierte: »Was wir brauchen, sind ein paar verrückte Leute; seht euch doch an, wohin uns die normalen gebracht haben.«

ICH HASSE DIESES INTERNET

Ich hasse dieses Internet. So heißt ein Buch des amerikanischen Schriftstellers Jarett Kobek, das 2016 erschienen ist. Und ich muss zugeben, ich habe es nicht gelesen. Ich habe keine Zeit mehr, um Bücher zu lesen, schließlich vergeude ich meine Zeit im Internet. Ich hasse dieses Internet. Diesen Satz habe ich einfach so geklaut, obwohl ich nicht mal das Buch gelesen habe, aber das ist okay. Im Internetzeitalter darf man einander nämlich die Ideen klauen. Man muss es dann einfach »zitieren« oder »sharen« nennen oder altklug von der »postmodernen Remix-Kultur« sprechen, und so ist es fein, das Klauen. Auch darum hasse ich dieses Internet.

Ich hasse dieses Internet, weil es mich zu einem fahrigen Trottel gemacht hat. Ich habe verlernt, richtig zu lesen. Und damit meine ich, einen Text sorgfältig durchzugehen, von oben links nach unten rechts, Satz für Satz, Idee für Idee. Stattdessen habe ich mich in eine potente Scanningmaschine verwandelt, die sich einen Zeitungsartikel anschauen kann, nach Keywords sucht und nach wenigen Sekunden den Inhalt des Geschriebenen halbwegs wiedergeben kann – ohne selbst mitzudenken. Das Schlimmste daran ist aber, dass das Scannen im Gegensatz zum Lesen überhaupt keine Freude macht, wie halt vieles, was man einer Produktivitätslogik unterwirft.

Ich höre jetzt schon, wie die Ersten einwenden: »Aber im Internet gibt es doch vor allem Katzenvideos und dämliche Challenges wie die mit dem Planking, und erinnerst du dich nicht an den Harlem Shake?« Logisch erinnere ich mich daran, aber so wie ich das sehe, ist das Internet inzwischen in zwei Pole geteilt: In den lustig-verblödeten und in den gehetzt-effizienten, der vergisst, dass wir Menschen und keine Maschinen sind. (Natürlich ist die Sache nicht ganz so schwarzweiß, und im »echten Leben« würde ich das auch nie so formulieren, aber in der Twitterära braucht es halt steile Thesen, um gelesen zu werden.)

Der Kunstkritiker Kenneth Goldsmith hat in seinem Buch *Wasting Time on the Internet* die Idee formuliert, dass die Menschen heute nicht weniger konzentriert seien als vor fünfzig Jahren, und er plädiert dafür, dass wir Konzentration grundsätzlich neu denken: nicht als kontemplatives Dasitzen am Schreibtisch, sondern als gleichzeitiges Jonglieren von zig Informationen. Er meint also, dass auch in der Zerstreutheit des Webs – dem Scannen, Sharen und Chatten – eine Art Konzentration liegt. Ich verstehe ja, worauf er hinauswill, und ich finde nicht prinzipiell, dass früher alles besser war, denn früher war ja auch Tschernobyl und Schulterpolster, aber ich kann dieser Idee einfach nichts abgewinnen, weil mich das Digitale nur noch stresst.

Wenn ich morgens aufstehe, scrolle ich als Erstes

durch meine Feeds, immer dem gleichen Ablauf folgend: zuerst Messenger, dann Mails, dann Instagram, dann Twitter. Auf der positiven Seite könnte man sagen, dass ich wohl noch nie so vernetzt war wie heute. War es in meinen Teenagerjahren noch so, dass ich auf Kosten der Zeit, die ich mit echten Freund*innen hätte verbringen können, Stunden auf MySpace verbriet, sind die sozialen Medien zu einem Facilitator für meine »echten« Beziehungen geworden. So schickt mir ein Freund jeden Morgen eine Sprachnachricht, um mir einen schönen Tag zu wünschen, und ich habe für jeden Freundeskreis einen Chat, in dem sich die Leute kurzschließen, wer wo ist.

Auf der anderen Seite ist es aber auch so, dass ich mich gleich nach dem Aufwachen nur so zumüllen lasse von Eindrücken: Kim Gordons Band hat neue Tourshirts, Sibylle Berg postet irgendwas Skurriles, Alexa Chung shoppt in einem Vintage-Laden, jemand war mit dem Kind Eis essen, ein Victoria-Secret-Model macht Urlaub, drei neue Likes, jemand hat mich in einer Story erwähnt. Und drüben bei Twitter befällt mich immer zuerst die Angst, die neusten Hashtags nicht zu verstehen, und oft muss ich tatsächlich ein paar »Skandale« googeln. Wer ist Axel Voss? Was war in der »Arena«? Oft bleibe ich morgens nach der Dusche so lange auf dem Bett liegen, bis meine Haare wieder trocken sind.

Nach zehn Jahren Internettortur kann ich nicht mehr nur einen Gedanken auf einmal denken. Mein Gehirn fühlt sich immer so an, als wären zehn Tabs gleichzeitig offen. Wenn ich an mein Gehirn denke, stelle ich mir keine rote, glibberige Masse vor, ich denke tatsächlich an meinen Browser. Im einen Fenster denkt es über Deadlines nach, im anderen über einen Streit mit einer Freundin, im dritten überlegt sich eine innere Stimme, was man zum Abendessen kochen könnte, und im vierten toben die Selbstzweifel, weil ein Text nicht geraten will. Und das Fiese ist: Wenn ich mich nachts ins Bett lege, ploppen mental noch diese mühsamen Pop-ups auf. Aber es geht nicht um AGBs, sondern um Grundsatzfragen. Lebe ich richtig? Was bedeutet Glück? Wie geht Sterben? Wer hat das Internet erfunden?

Ich hasse dieses Internet, weil ich ein Buch lesen könnte, aber bei einem Tweet hängen bleibe mit dem Spruch »Pretending to work is more stressful than working«. Ich hasse das Web, weil ich das Altglas rausbringen will und dann doch ein Buzzfeed-Quiz mache zur Frage: »Welche Kardashian-Schwester bist du, basierend auf deinen liebsten Pizza-Toppings?« Ich verfluche mich, weil ich mir jeden Tag so viele Dinge anschaue, die mir keine Freude bereiten. Würde ich mit Marie Kondo meinen Feed ausmisten, müssten 99 Prozent der Sachen raus. Um ehrlich zu sein, würde ich gern alle meine Social-Media-Accounts löschen, tu es aber nicht, weil ich das Gefühl habe, sonst nicht richtig zu existieren.

Und das Ding ist: Ich würde tatsächlich nicht richtig existieren. Das rede ich mir nicht bloß ein. Klar wäre ich weniger gestresst, aber ganz ehrlich: Was nützt mir das, wenn ich dann nichts mehr von Partys und Podien mitkriege, weil alle Flyer auf Instagram gepostet werden? Was bringt mir Entspannung, wenn niemand mehr an mich denkt? Und was soll ich mit mehr Freiheit, wenn ich als freie Autorin keine Jobs mehr bekomme? Ein Arbeitgeber sagte mir etwa mal, er wolle keinen CV, er schaue lieber mein Twitter an. Dies gesagt: Ich hasse die Ungeduld, die mit der Reizüberflutung kommt. Auf Spotify drücke ich fast alle Songs nach einer Minute weg, da sie mich langweilen. Ich hasse das Internet, weil es mittlerweile tatsächlich Leute gibt, die sich ihre Feriendestination nach dem Kriterium aussuchen, wie »instagrammable« sie ist. Ich hasse es, weil sich alle so verhalten, als wären sie berühmt. Wie kommen die Leute darauf, drei Selfies am Tag zu posten? Warum haben sie das Gefühl, dass mich ihr neues Gym-Outfit interessiert? Ich weiß: Es ist nicht gerade einfallsreich, sich über Leute aufzuregen, die Fotos von Avocado-Toasts oder inspirational quotes teilen. Man könnte sagen, es sei etwa so einfallslos wie Leute, die Fotos von Avocado-Toasts oder inspirational quotes teilen. Aber mein Gehirn ist leider so stumpf, dass es nichts Originelles mehr zustande bringt.

Jeder Aspekt meines Lebens wird vom Internet gesteuert. Ich habe keine Ahnung, mit wie vielen Informationen ich diese Algorithmen füttere, doch so viel kann ich sagen: Die Zalando-Empfehlungen werden immer besser. Während sie mir früher hässliche Collegesweater vorgeschlagen haben, wollen sie mir heute hübsche Leopardenmäntel andrehen. Meine Kreditkartennummer füllt es auf fast allen Websites von selbst aus. Ich bin die Schlimmste in Sachen Internetsicherheit. Ich weiß, ich sollte mich da einlesen, aber es ist so kompliziert und langweilig, und ich habe doch so viel zu tun mit all den Messages, die ich beantworten muss, und den Memes, die meine Friends posten. Keine Zeit für Internetsicherheit. Und wenn ich nicht mehr reagieren mag auf all das Piepen, dann mach ich einfach YouTube auf und schaue mir Musikvideos von Deichkind an.

An ganz schlimmen Tagen gibt es auch das Phänomen des »Internet Voids«. Es gibt nämlich so einen dunklen Schlund im Internet, der sich ab und zu auftut, meist am Samstag, wenn du nichts zu tun hast. Dann beginnst du irgendwo und googelst etwas, das dich interessiert (»Was passiert im Körper, wenn du einen Monat lang nichts trinkst?«), und dann landest du bei einer Tierdoku über die Schildkröten von Galapagos – und über Kochrezepte für glutenfreie Bagels gelangst du zu allen Musikvideos, die auf YouTube je zu toten Legenden hochgeladen wurden, und während draußen die Sonne wieder aufgeht, liegst du erschöpft auf deinem Bett und fragst dich, ob Falco wirklich tot ist oder ob er sich irgendwo ein schönes Leben macht, wie es in diesem wirren Blog stand?

Das Internet ist ein gefräßiges Monster, das alle meine Lebensenergie verschlingt, was schade ist, denn einst war die Grundstimmung hoffnungsvoll. So hatte etwa die Naturwissenschaftlerin und Feministin Donna Haraway die Utopie, dass uns das Virtuelle befreien wird. In ihrem berühmten *A Cyborg Manifesto* von 1985 formulierte sie die These, dass die Menschen im Technikzeitalter bald zu Cyborgs werden: Hybridwesen, die zugleich in der Realität und im Cyberspace leben. Sie stellte sich vor, dass in dieser Welt alle Dichotomien (Mann-Frau, Mensch-Maschine etc.) fließend werden und so eine egalitäre Gesellschaft möglich wird. Denn: Wenn im Virtuellen alle Avatare aus Nullen und Einsen bestehen, wird es egal, welche Stellung jemand im »echten Leben« hat.

Und bis zu einem gewissen Grad hat uns das Internet ja auch befreit. Befreit von einer Öffentlichkeit, in der nur einige wenige zu Wort kommen. Alle haben die Chance, gehört zu werden. Das Internet ist die neue Straße. Das Internet ist der Ort zum Diskutieren, zum Streiten, für Protest, für #aufschrei, für #MeToo, für #blacklivesmatter. Und nichts liegt mir ferner, als diesen Fortschritt kleinzureden. Was jedoch weder Haraway noch sonst jemand voraussehen konnte, war die Funktionsweise von Social Media. Da wird nämlich keine egalitäre Utopie geschaffen. Dadurch, dass man diese Profile mit dem eigenen Leben – dem anbiedernden Selfie, dem Beziehungsstatus, der politischen Meinung – füllt, verlagerten sich alte Rollenbilder und Vorurteile einfach ins Virtuelle. Auf Schweizerdeutsch würde man sagen: *Es mänschelet.* Und das nicht im guten Sinne.

Ich hasse das Internet, weil es mir das Gefühl gibt, zu langsam zu sein, zu schwach, zu wenig schön. Mein Feed konfrontiert mich konstant mit Dingen, die ich an mir bemängele, da ich so blöd bin, mir nur Fotos von Leuten anzugucken, die ich auf eine abgefuckte Art bewundere. Was konkret heißt: Dünne Frauen, die in Balenciaga-Outfits in die Kamera rauchen, oder solche, die mir zeigen, wie geil ihre Bauchmuskeln nach drei Stunden Power-Pilates aussehen. Allgemein ist das Frauenbild, dem ich im Internet begegne, etwa auf der

Emanzipationsstufe von 1952. Zum Glück gibt es noch Margarete Stokowski und Reni Eddo-Lodge. Aber irgendwie haben die Netz-Feminist*innen einen weniger bleibenden Effekt auf mein Hirn als Frauen mit Thigh Gap.

Ich hasse den Fakt, dass mir Likes ein gutes Gefühl geben. Ich hasse den Fakt, dass ich Angst habe vor der Stille und mich permanent mit Informationen berieseln lasse. Beim Kochen höre ich Podcasts, beim Joggen brauche ich die Nike App, und im Zug beantworte ich Mails. Ich hasse das Internet, weil man sich nicht mehr in einer Stadt verlaufen kann und allgemein glaubt, alles zu wissen. Ich hasse dieses Internet, weil es Informationen über Wissen stellt und wir die beiden ständig verwechseln. Wir leben im Zeitalter der Zweidimensionalität, weil die Funktionsweise des Internets die Tiefe, die Langsamkeit und das Widerspenstige, das dem Wissen von Natur aus anhaftet, gekillt hat.

Manchmal fühlt sich das Leben mit Internet an, als würde ich verhungern, obwohl mir die ganze Zeit jemand das Maul stopft. Besonders arg ist dieses Gefühl, wenn mir Dutzende Leute gleichzeitig Emojis schicken und ich ihr Kommunikationsbombardement Sekunden später mit GIFs und achtlos getippten »Hahas« erwidere. Es ist wie mit Zuckerwatte. Das Chatten ist süß und gibt dir einen kurzen Rush, aber am Ende wird dir vermutlich übel. Es gibt Studien, die belegen, dass Menschen Zeit allein verbringen müssen, um empathisch zu sein, daher bin ich besorgt, wie schlecht ich mich mittlerweile selbst aushalte.

Ich hasse dieses Internet, weil ich immer nur sehe,

was fehlt, auf welcher Party ich nicht war, welchen Text ich noch nicht gelesen habe. Es schmerzt, dass ich offenbar all diese Dinge verpasse – und gleichzeitig verdumme. Immer wenn ich nichts zu tun habe, lade ich den Feed neu. Dabei hat Nietzsche mal gesagt, man müsse die Langeweile aushalten, um Kreativität zu erleben. Doch wie soll das gehen, wenn man 4G hat? Ich hasse das Internet, weil ich etwas Bleibendes schaffen will, aber doch nur Insta-Stories gucke. Ich hasse das Internet wegen seiner zwanghaften Ironie und Kylie Jenner. Ich hasse das Internet, weil ich Angst habe, dass ich in fünfzig Jahren sagen werde: Fuck, ich habe mein Leben online vergeudet.

SELBSTZWEIFEL

ARRIVAL FALLACY

Ich habe ein neues Wort gelernt, das mich beschäftigt. Es heißt »Arrival Fallacy« und bedeutet auf Deutsch so viel wie: »Illusion des Ankommens«.

Mit Arrival Fallacy bezeichnet der israelische Arbeitspsychologe Tal Ben-Shahar die paradoxe Erfahrung, dass man sich nicht unbedingt besser fühlt, wenn man ein lang ersehntes Ziel erreicht hat. Diese Illusion greift zum Beispiel, wenn man monatelang für den Schulabschluss gepaukt hat – und dann doch nicht in Partylaune ist.

Ben-Shahar erklärt, dass dies passiert, weil Menschen offenbar ziemlich gut wissen, was sie glücklich macht, aber die Intensität dieses Gefühls überschätzen. Also reden sie sich ein, dass alles super wird, wenn sie erst in die Ferien fahren/einen Bestseller landen/sich diese gelbe Prada-Tasche kaufen. Doch leider bringen diese Ziele, wenn sie erreicht sind, kein anhaltendes Glück, sondern nur einen kurzen Endorphin-Kick. Am Schluss steht man also gleich unzufrieden da wie am Anfang, nur diesmal ohne die Hoffnung, dass es besser wird.

Als ich das las, fiel ich fast vom Stuhl. Denn seit ich etwa zwölf Jahre alt war, rede ich mir ununterbrochen ein, dass mein Leben bald frei und abenteuerlich wird wie in einem Jack-Kerouac-Roman, wenn ich vorher erst den Schulabschluss mache/im Praktikum überzeuge/das gammlige Abflusssieb in meiner Küche reinige. Wäre die Arrival Fallacy ein Verbrechen, wäre ich eine Serientäterin. Es fällt mir schwer, den Moment wertzuschätzen. Lieber lebe ich mit dem Kopf in der Zukunft, male mir aus, was sein könnte, und schleppe mich so durch den Tag.

Als ich mit einer Freundin über das Phänomen sprach, meinte sie sofort, dass die Arrival Fallacy eine Nebenwirkung des Kapitalismus sei. Ihre These war, dass es diese Täuschung nur gebe, weil unsere Ziele so fixiert seien auf Leistung und Konsum: »Wir projizieren unsere Wünsche auf die falschen Dinge«, erklärte sie. »Wenn es dein Tagesziel wäre, die Baby-Esel am Waldrand zu besuchen, würdest du bestimmt nicht diese innere Leere spüren.« Im Grunde, so dachte ich dann, lebe ich ziemlich zwinglianisch. Ich werkle pflichtbewusst vor mich hin und verschiebe das »echte Leben« auf später.

Wie in diesem Film *Und täglich grüßt das Murmeltier* mit Bill Murray stehe ich jeden Morgen auf und sage mir: Ich muss nur noch diesen Text abgeben/dieses Mail machen … und DANN. Ich habe mal gelesen, dass das Erwachsensein darin bestehe, immerzu zu sagen: Aber nach dieser Woche wird es ruhiger – bis man stirbt. Genauso fühlt es sich an. Und auf eine Art verstehe ich mich auch. Die Arrival Fallacy ist ein

Trick, damit ich mich nicht mit dem wirren »Jetzt« auseinandersetzen muss. Der Alltag kann ernüchternd sein, da ist es bequemer, sich das Glück einfach vorzustellen. Dabei müsste ich doch einsehen, dass das Glück kein planbares »Ziel« ist, sondern ein Gast, der vorbeikommt, wenn man es am wenigsten erwartet. Und Campari mitbringt.

KONTROLLSIMULATION

Vor Kurzem aß ich aus Versehen ein Stück Geschirrspül-Tab. Meine Maschine ist eben ziemlich alt, spült nicht mehr so gut, und der Klumpen klebte an der Rückseite einer Gabel.

Es schmeckte absolut widerlich, so wie ich mir vorstelle, dass Schneckenkörner schmecken, und vor lauter Schreck schluckte ich den Brocken einfach hinunter. Ich holte sofort die Verpackung aus dem Schrank, erschrak beim Anblick eines Totenkopfs und las: Man soll »Erbrechen herbeiführen«, wenn man von dem Zeug gegessen hat. Mein Puls raste, ich glaubte, ich hätte mich nun übelst vergiftet, also rief ich bei der Tox Info Suisse an (Nummer: 145!), und die wollten alles Mögliche von mir wissen: Marke, Menge, Gefühl auf der Zunge. Nach zehn Minuten riefen sie zurück und gaben Entwarnung: Das sei kein basisches Produkt und mein Körper werde das von selbst abbauen.

Im Nachhinein klingt das vermutlich übertrieben, aber ich dachte wirklich für einen kurzen Moment, ich sterbe. Mein Hirn hält nämlich in jeder Lebenssituation die schlimmste Möglichkeit für die realistischste. Woher das kommt, weiß ich nicht. Aber es nervt. Als mich vor Kurzem zum Beispiel ein Straßenkätzchen in die Hand biss, das jemand aus den Ferien mitgebracht hatte, war ich überzeugt, nun Tollwut zu kriegen (Tipp: Nie »Symptome Tollwut« googeln). Zu Beginn der Pandemie bildete ich mir ein, eine unentdeckte Vorerkrankung zu haben. Und sogar wenn ich nur zu Hause sitze und lese, kommen mir Gedanken wie: Was, wenn ein erdnahes schwarzes Loch in den nächsten 24 Sekunden alles aufsaugt, was ich kenne?

Was ich damit sagen will, ist: Ich fühle mich dem Risiko, der inhärenten Lebensgefahr, die mit dem Existieren einhergeht, immer noch völlig ausgeliefert. Vielleicht ist das eine Ausrede, aber manchmal denke ich: Mir wurden einfach nicht die richtigen Werkzeuge mitgegeben, um mit dieser grundlegenden Unsicherheit umzugehen. Schließlich bin ich mit der Vorstellung aufgewachsen, dass im 21. Jahrhundert nie etwas schiefläuft: Geburtstermine werden »geschedult«, krumme Nasen operiert, Krankheiten geheilt.

Mir wurde eingebläut, dass alles in meiner Hand liegt. Mein Glück, meine Gesundheit, mein Erfolg. Aber je älter ich werde, desto mehr merke ich, dass das überhaupt nicht stimmt und ich in einer Art »Kontrollsimulation« lebe, wie der Psychiater René Bridler diese Illusion der perfekten Planbarkeit nennt. Das Blöde ist nur: Da ich seit jeher versuche, das Unvorhersehbare zu managen, schiebe ich jedes Mal Panik, wenn etwas passiert, das ich nicht einkalkuliert hatte. Und das macht mich total verletzlich.

Meine Großmutter, die natürlich aus einer ganz anderen Zeit kommt als ich, sagt mir daher immer: »Nina, die hundertprozentige Sicherheit gibt es nicht, und je früher du lernst, dich damit zu arrangieren, desto besser wirst du leben.«

BABYTATTOO

Es hört sich an wie eine erfundene Geschichte, aber sie stimmt. Als ich vor drei Jahren im Zug von Bern nach Zürich saß, kam mir plötzlich die Idee, dass ich mich ja spontan tätowieren lassen könnte. Ich fand, dass es etwas Gewichtiges sein sollte wie ein Omega und nicht so etwas Banales wie ein Notenschlüssel oder ein Herz.

Spätestens auf der Hälfte der Strecke entschied ich mich, es zu tun. In Zürich stieg ich also in dieser grässlichen Untergrundhalle aus dem Zug und spazierte die Europaallee hinab zur Langstraße. Ich war berauscht von der Vorstellung, etwas Verrücktes zu machen. Und die Idee mit dem Omega, dem Zeichen für das Ende, überzeugte mich komplett. Mir gefiel die Symmetrie, und Dinge, die einen an die Vergänglichkeit erinnern, finde ich sowieso gut. Memento mori.

In der Nähe der Langstraße lag ein Tattoostudio, das ich kannte, weil Dutzende meiner Freund*innen schon da gewesen waren. Der Besuch lief banal ab. Im Studio arbeitete ein junger Tessiner, der schöne lange Wimpern hatte wie eine Kuh. Ich erzählte ihm von meinem Plan, entschuldigte mich dreimal, dass es etwas so

Kleines sei, ich wisse doch, er sei Künstler. Ihn schien das nicht zu stören, wir suchten eine Schrift aus, dann klebte er mir die Tattoovorlage auf den Arm, oberhalb der linken Ellbogenbeuge, wie ich ihn angewiesen hatte. Ich schaute mich im Ganzkörperspiegel an. Wie immer trug ich meine schwarze Adidas-Jacke und ein blödes Guns N'Roses-T-Shirt. Es gefiel mir nicht, das Tattoo. Es sah unförmig aus auf meinem Arm. Im Spiegelbild okay, aber von oben betrachtet bizarr. Es erinnerte an ein umgekehrtes Hufeisen – eines, bei dem das Glück ausleert statt drinnenbleibt. Ich weiß nicht, warum, aber ich sagte: Cool. An diesem Tag wollte ich einfach unbedingt diese Person sein, die in ein Tattoostudio läuft und sagt: Mach! Vielleicht wollte ich aber auch nur etwas fühlen.

Dazu ist zu sagen: In dieser Zeit ging es mir nicht sonderlich gut. Ich hatte eben das Studium abgeschlossen und war überfordert von der Strukturlosigkeit der Tage, Wochen und Monate. Ich wusste nicht, was ich werden wollte, und setzte mich enorm unter Druck, möglichst bald einen Lebensplan zu fassen. Häufig saß ich in dieser Zeit einfach zu Hause rum, guckte *Riverdale* und weinte.

Ich legte mich auf die Liege, streckte dem Tessiner meinen Arm hin, das Summen der Tattoomaschine erklang. Als die Nadel in die Haut meines Oberarmes stach, fiel ich fast in Ohnmacht. Das Blut rann links und rechts herab. Nur ganz fein. Es tat höllisch weh, aber nach zehn Minuten war es vorbei. Ich fühlte: gar nichts. Diese Tätowierer haben einen seltsamen Job, dachte ich. Er klebte mir zum Schluss eine Frischhaltefolie über die Stelle, und ich machte einen Witz, indem ich sagte: Bald komme ich wieder und lasse mir einen Tiger über den ganzen Rücken stechen. Er klimperte mit den Wimpern.

Später an dem Abend war ich bei einem Freund zu Hause zum Essen verabredet. Sein Mitbewohner, der mich jedes Mal mit seinen Vorträgen darüber nervt, wie toll der Neoliberalismus sei, stand im Türrahmen und sagte, er finde Tattoos übrigens beschissen: »Das bleibt für immer, und was, wenn es dir in fünf Jahren nicht mehr gefällt?« Mein Arm brannte, aber nach dem Essen schlug ich trotzdem vor, in eine Bar zu gehen. Ich bestellte ein »Flämmli« (ein Obstbranntwein, den man mit Zucker mischt und anzündet), dann noch eins. Wir blieben bis vier Uhr morgens, und bevor mein Freund mir ein Taxi rief, weil ich kaum noch stehen konnte, zeigte er mir ein Lied, bei dem der Refrain ging: *Fuck the revolution, I love you.*

Am nächsten Morgen weckten mich Kopfschmerzen, meine Augen waren verklebt. Zuerst wusste ich nicht, warum mein Arm so wehtat oder warum da eine Frischhaltefolie drumgewickelt war. Dann entdeckte ich das Tattoo. Es war unendlich schwarz und unter der Haut bläulich. Mir verschlug es den Atem: Was hatte ich getan?! Ich holte Aspirin im Badezimmer und hielt meinen Kopf unter das kalte Wasser. Ich hatte keine Panikattacke und keine Schweißhände, aber ich schluchzte vor mich hin. Und wie immer, wenn ich mir wünsche, dass jemand alles wieder gutmacht, die Zeit zurückdreht vielleicht oder ein Wunder geschehen lässt, rief ich meine Großmutter an. Und weil ich so todernst und mit zittriger Stimme sagte: »Moma, ich habe etwas ganz, ganz Dummes angestellt«, flüsterte sie besorgt: »Bist du schwanger?!«

Eigentlich habe ich nichts gegen Tattoos. Es gibt Leute, die sagen, Tattoos seien das Schlimmste, ästhetisch und im übertragenen Sinne: ein Symbol für den übersteigerten Individualismus, die Mikro-Distinktion, wie der Soziologe Pierre Bourdieu es nennt, die uns Hipster des 21. Jahrhunderts ausmacht. Alle wollen speziell sein, tätowieren sich eine griechische Säule auf den Oberschenkel und sind es gerade darum nicht. Es ist wie in dieser Szene in *Life of Brian*, in der Brian der Menschenmenge zuruft: »You're all individuals!« und die Menge – wie aus einem Munde – zurückschreit: »We're all individuals!«

Trotzdem hatte ich nie eine große Zu- oder Abneigung, was Tattoos angeht. Ich dachte einfach: Mach mit deinem Körper, was du willst. Nur einmal habe ich eine Frau kennen gelernt, die ein ausgeblichenes Tattoo von einem Troll auf dem Rücken hatte, das sie sich auf einem Goa-Festival hatte stechen lassen. Da dachte ich ehrfürchtig: Diese Frau hat was erlebt. Was mir an der Idee des Tattoos zudem gefällt, ist seine Radikalität. Vor allem in einer Zeit, in der alles flexibel ist. Besonders Beziehungen, Dates, Verabredungen. Heute heißt es immer: Mal schauen, vielleicht, ich schreib dir. Ein Tattoo ist ein Commitment. Das finde ich verblüffend. Nie im Leben hätte ich jedoch gedacht, dass ich mir selbst mal eines stechen lassen würde. Vor allem kein skurriles, supersichtbares Omega auf den Oberarm.

In den Wochen nachdem ich mir das Tattoo hatte

stechen lassen, stand ich unter Schock. Meine ganze Eigenwahrnehmung purzelte durcheinander. Ich schämte mich für meine Dummheit, ließ den Februar verstreichen, es wurde März, April. Am ersten sonnigen Tag saßen meine Freund*innen auf der Josefwiese, und ich zog meinen Pullover nicht aus, obwohl mir Schweißtropfen den Körper hinabrannen. Noch nie im Leben war ich so verwirrt. Ständig fühlte sich mein Körper falsch an, und ich war dreimal überzeugt, ich hätte eine Augenentzündung. Jedes Mal schickte mich der Arzt ohne Diagnose heim.

Unter meinen Augen hatten sich tiefe Täler gebildet, so schwarzblau, als hätte ich mich geboxt. Meine Haut war weiß, fast transparent, und der Pony hing müde ins Gesicht. Meine Oma riet, ich solle jetzt einfach mal abwarten. Dinge, die wie riesige Fehler scheinen, können im Nachhinein der Tränen unwürdig wirken. Ich selbst wollte sofort mit dem Weglasern beginnen, aber immer wenn ich davon anfing, holte meine Oma ein Stück Schokolade aus dem Kühlschrank und schob es mir in den Mund. Doch so sehr sie sich bemühte, sich nichts anmerken zu lassen, in ihren Augen sah ich, dass auch sie das Tattoo schrecklich fand.

In diesen Tagen machte ich mir tausend Gedanken darüber, was die Leute denken könnten. Ich stellte mir etwa vor, wie die Frauen am schicken Bellevue, diesem Platz in der Innenstadt, tuscheln: Hast du ihren Arm gesehen? Die kokst bestimmt und hat ihr Leben nicht im Griff. Andererseits machte ich mir Sorgen, wie eine imaginierte Tattoo-Community aus Zürich über mich lästert: Schau, noch so ein Loser, die ihrem Babytattoo nicht gewachsen ist. Egal, wie ich die Sache drehte, ich hatte versagt.

Und obwohl ich mir bewusst bin, wie entsetzlich Erste-Welt-Problem-ig das alles klingt, dieses Versagen traf mich hart, verunsicherte mich, gefühlt bis auf die zelluläre Ebene meiner Existenz. Schließlich war ich die letzten zwanzig Jahre dem hinterhergehechelt, was die britische Autorin Laurie Penny das Ideal des »perfekten Mädchens« nennt. Ich hatte die Idee verinnerlicht, dass ich es nur wert bin, geliebt zu werden, wenn ich keinen Anlass zur Kritik gebe.

Schon am Gymnasium war ich besessen von der Idee, die »ideale Schülerin« zu sein. Ich lernte alles auswendig, was es auswendig zu lernen galt, jede Lateinvokabel, jedes Sedimentgestein, und wenn wir einen Ordner abgeben mussten, verstärkte ich meine Blätter mit Ringklebern. Am Ende des Semesters hatte ich stets einen Zusammenbruch vor Erschöpfung. Aber ich redete mir ein, dass ich es gut hatte. Ein Mädchen aus meiner Klasse ritzte sich in die Hand, weil der Druck so groß war. Später an der Uni gab ich Seminararbeiten zwei Wochen zu früh ab, arbeitete nebenher im Catering, machte Fitness, wog nur noch 45 Kilo. Manchmal wurde ich ausgelacht, weil ich abends in der Bar einschlief. Oft sagten die Leute aber auch anerkennend: »Du Overachiever.«

Pennys These ist, dass viele junge Frauen so getrieben und überarbeitet seien, da es in unserer Gesellschaft immer noch die perfide Idee gebe, dass nur perfekte Mädchen Glück und Liebe finden. »Perfekte Mädchen« optimieren sich ständig, weil sie früh verstanden haben, dass sie doppelt so viel leisten und doppelt so gut aussehen müssen wie Männer, um als kompetent zu gelten. Man kann von dieser These halten, was man will, aber ich strebte wirklich immer danach, dieses Mädchen zu sein.

Und dann war es plötzlich 2018, und ich hatte dieses extrem schwarze, für meinen Begriff entstellende Tattoo. Es fühlte sich dramatisch an, weil das mit der Perfektion ja nun im Eimer war und ich keine Alternative kannte. Zudem war ich nach dem Uni-Abschluss eh verwirrt. Wie konnte ich überhaupt wissen, ob ich perfekt bin, wenn mich niemand mehr benotete?

Stundenlang untersuchte ich das Tattoo, legte mich aufs Bett, drehte den Arm in der Luft. Wirklich nichts hatte ich mir überlegt. Das Tattoo befand sich an der denkbar blödesten Stelle. Oberhalb der Ellbogenbeuge wird das Omega natürlich tausendmal am Tag gequetscht, in die Länge gezogen, verdreht. Besser wäre es gewesen, eine flache Hautstelle auszuwählen, die meistens unbewegt bleibt, wie etwa am Rücken.

Einen Monat später, als der Sommer näher rückte, hielt ich es nicht mehr aus und meldete mich zur Tattooentfernung an. Ich stand mit meiner Großmutter an dieser unsinnig befahrenen Straße hinter dem Zürcher Sechseläutenplatz, an bester Adresse, direkt am See, und klingelte am Schild der Praxis. Drinnen war es kalt, glatt, und im Empfangsbereich hing ein Porträtfoto von einer Frau, die aussah wie alle anderen Frauen, die in dieser Praxis arbeiteten.

Ich sagte, ich sei hier für das Tattooremoval, und wir wurden ins Behandlungszimmer geführt. Auf dem

Weg kam mir eine Frau entgegen mit einer zugepflasterten Nase, denn ja, für die Tattooentfernung muss man zum Schönheitschirurgen, es war alles furchtbar peinlich. Die Praxisassistentin zog dann vor der Behandlung, ohne Witz, ihre Stoffhose herunter, damit man ein verblasstes Herzchen auf ihrem Hüftknochen erkennen konnte. Sie sagte, sie sei jetzt bei Session sechs. Es brauche nämlich ein paar Bestrahlungen mit dem Laser. So werde die Farbe unter der Haut zerstört und Stück für Stück vom Körper abtransportiert. Es schmerze, aber lohne sich. Dann mussten wir alle Brillen aufsetzen und sahen aus wie der verrückte Professor aus *Zurück in die Zukunft*.

Sie richtete eine futuristisch aussehende Leuchtpistole auf meinen Arm. Der Schmerz, den das Licht auslöste, war, als würde mir Säure unter die Haut gespritzt. Es tat so weh, als würde mein ganzer Arm in Stücke gelasert. Wenn Tätowieren auf der Schmerzskala eine 3 war, war das eine 8.5. Dann händigte sie mir eine Creme aus und lächelte: »Wir sehen uns in vier bis sechs Wochen.«

Erst am nächsten Tag traute ich mich nachzusehen, wie die Stelle aussah. Das Schwarz war etwas weniger intensiv, die Flächen hatten kleine Löcher, unter denen die Haut durchschimmerte. Es erinnerte mich an einen Brief, den man in der Sonne hatte liegen lassen. Ich wartete die nächsten Wochen darauf, dass mein Körper noch mehr Farbe abtransportiert, aber nicht viel geschah. Alles in allem sah das Tattoo jetzt noch seltsamer aus als zuvor.

Etwa drei Wochen nach dem Lasern wurde es richtig

heiß, und eines Nachmittags zog ich vor einem Café erstmals meinen langärmligen Pullover aus. Ich war überzeugt, dass nun alle Leute auf meinen Arm starren würden, genau wie ich überzeugt bin, dass meine Pickel manchmal so groß sind, dass anstatt meines Kopfes nur noch ein Furunkel da ist. Aber nichts geschah. Warum auch? Fast alle haben Tattoos, viele davon sind fragwürdig.

Die Schauspielerin Lena Dunham hat mal gesagt, dass sie ihren Körper volltätowiert habe, weil es ihr ein Gefühl von Kontrolle gab, bei mir war es leider das komplette Gegenteil. Als ich in dieser Zeit meine Freund*innen traf, fiel mir auf, dass alle etwas »Imperfektes« am Körper hatten. Eine Narbe, quer über die Stirn, Schwangerschaftsstreifen, einen Zahn, der bei einem Fahrradunfall halbiert wurde. Und das machte sie keineswegs weniger schön, sondern schöner.

Als der zweite Lasertermin näher rückte, begann ich zu zweifeln. Ich las ein Zitat der mittelalterlichen Kirchenfrau Hildegard von Bingen, das lautete: »Deine Wunden werden durch die Heilung zu einem kostbaren Besitz, zu kostbaren Perlen.« Ich griff zum Telefon und sagte ab.

Wenn heute mein Ärmel hochrutscht und das Omega hervorblitzt, bin ich immer noch überrascht. Ich denke: Was, ich habe ein Tattoo? Zugegeben, ich finde es noch immer nicht besonders schön. Ich halte es für das seltsamste Tattoo der Deutschschweiz. Mindestens. Manchmal denke ich: Hätte ich mir doch wenigstens ein wirklich peinliches Motiv gestochen. Ein Freund von mir trägt zum Beispiel das Logo der Band

Blink-182 auf dem Oberschenkel. Über so was kann man lachen. Mit dem Omega muss man leben.

Früher dachte ich immer, Menschen mit Tattoos hätten die Seele eines Rockstars. Natürlich nicht alle, aber der Tendenz nach. Inzwischen weiß ich: Das Tattoo färbt auf dich ab, nicht umgekehrt. Seit ich das Omega trage, denken die Leute nämlich wirklich, ich sei spontan und unbekümmert. Einmal meinte eine Frau am See, der ich von der gescheiterten Laseraktion erzählt hatte, ich strahle Selbstbewusstsein aus. Wenn die wüsste.

Im Nachhinein glaube ich, dass irgendetwas in mir drin gehört werden wollte, und weil ich nicht zuhörte, mir einen Post-it-Zettel fürs Leben verpasste. Heute kommt es mir nicht mal mehr in den Sinn, perfekt sein zu wollen. Ich meine, es ist ja offensichtlich, dass ich es nicht bin. Ich muss nur auf dieses angelaserte, halbmutige Loser-Tattoo in meiner Ellbogenbeuge schauen.

Was auch immer das bedeutet, sehe ich nun so aus, als hätte ich eine Geschichte und nicht nur ein Leben für das vorzeigbarste LinkedIn-Profil. Und auf eine Art stimmt das auch. Ich habe eine Dummheit gemacht. Ich habe mich damit abgefunden, dass es ein Leben nach der Uni gibt (das ziemlich chaotisch ist), und vor allem habe ich gemerkt, dass ich trotz meiner Fehler einen Wert habe. Oder eben gerade: Deshalb.

HAPPYCHONDER

Ich schlafe viel, trinke wenig Alkohol, pflege Freundschaften, mache Yoga, gehe spazieren und lese die philosophischen Ratgeber von Alain de Botton. Ich überlasse mein Glück nicht dem Zufall, denn ich bin mit dem Gedanken aufgewachsen, dass Glück der Maßstab ist für ein gelungenes Leben. Ich bin ständig damit beschäftigt, düstere Gedanken beiseitezuschieben, und so drehe ich durch, wenn ich einen schlechten Tag habe. Nicht weil ich einen schlechten Tag habe, sondern weil ich es nicht schaffe, einen guten Tag zu haben. Kurz: Ich bin ein Happychonder.

Happychonder leben in ständiger Angst, nicht happy genug zu sein, genauso wie Hypochonder stets fürchten, krank zu sein. Geprägt wurde der Ausdruck von der Soziologin Eva Illouz, die 2019 ein Buch über unsere Obsession mit dem Glück geschrieben hat. Darin argumentiert sie, solche Ängste (wie ich sie habe) gebe es nur, weil wir Glück heute als »Geisteshaltung« betrachten, die sich willentlich herbeiführen lässt. Frühere Generationen hätten sich jedoch nie den Kopf über solche Dinge zerbrochen, da sie Glück eher mit der Abwesenheit von Leid, günstigen Lebensumständen oder dem Schicksal in Verbindung gebracht hätten.

Verantwortlich für diesen Wandel macht Illouz zwei Entwicklungen. Erstens den Neoliberalismus, der das Individuum ins Zentrum des Geschehens gerückt hat, und zweitens die Positive Psychologie, die seit den Neunzigerjahren die Message vertritt, dass wir (als Einzelne!) alles erreichen können, wenn wir nur an uns glauben. In diesem Kontext sei das heutige Ideal des »permanenten Aufblühens« entstanden, bei dem Menschen mithilfe von Apps, Ratgebern und Therapien an sich arbeiten und das Mantra wiederholen: Denke positiv, und der Erfolg kommt von allein!

Die Schattenseite der »Happiness = Erfolg«-Gleichung ist aber, dass Glück inzwischen als Statussymbol gilt und die Individuen unter enormem Druck stehen. So schreibt Illouz, dass sich sehr viele Menschen unablässig mit ihrem Innenleben beschäftigen, da sie wissen, dass sie in der Leistungsgesellschaft nur mithalten, wenn sie ihre »Dämonen« im Griff haben. Die Eigenverantwortung ist so gewaltig, dass diese Selbsterforschung (wie ich sie nur zu gut kenne) zu einer Glücksstörung führen kann, bei der man – aus Furcht vor negativen Gefühlen – Depressionen, Ängste oder affektive Störungen entwickelt. Das wäre quasi die schlimmste Form der Happychondrie.

Das Gemeine ist nun, dass Betroffene laut Illouz wenig tun können, um sich von diesem Druck zu befreien, weil das Problem nicht bei ihnen liege, sondern bei der Gesellschaft, die keinen Umgang mit negativen Emotionen kennt. Aber vielleicht sage ich mir das nächste Mal, wenn ich einen miesen Tag habe, dennoch: »Ich muss nicht joggen gehen. Ich halte diese Traurigkeit jetzt einfach mal aus.«

DABDABHADA

In der Zeitung habe ich gelesen, dass es im Koreanischen das Wort »dabdabhada« gibt. Und seither kann ich nicht mehr aufhören, darüber nachzudenken.

Dabdabhada, so habe ich erfahren, beschreibt einerseits das Gefühl, nicht mehr atmen zu können, etwa in einem vollen Zug. Andererseits heißt es »bedrückt«. Und zudem kann es »Langeweile« oder »Frust« bedeuten.

Eine südkoreanische Bekannte erklärte mir, dass sie zum Beispiel dabdabhada empfinde, wenn sie sich mit ihrem Partner streitet und das Gefühl hat, nicht gehört zu werden. Oder, wenn sie gestresst ist und ihre To-do-Liste noch lange nicht abgearbeitet hat. Das Wort, so meint sie, ist eine Mischung zwischen »betrübt« und »stickig«. Das Gegenteil von dabdabhada wäre teu-ida: »sich erleichtert fühlen, frei sein«.

Das fand ich faszinierend, denn offenbar trendet das Wort gerade in Südkorea. Viele Menschen beschreiben das Corona-Lebensgefühl als frustrierend: Das Homeoffice ist einengend, die Ungewissheit schnürt die Kehle zu. Zudem zeigen Auswertungen, dass im Netz noch nie so oft nach Begriffen wie dabdabhada, »Meer« und »abgelegene Pension« gesucht wurde wie jetzt.

Ich glaube, das Wort hat mich beschäftigt, weil ich die Palette von Empfindungen, die dabdabhada umfasst, sehr gut kenne – und zwar nicht erst seit dem Lockdown. Im Alltag habe ich häufig das Gefühl, keine Luft zu kriegen. Es ist zu viel los, zu viel prasselt auf mich ein: Mails, Bilder, Ansprüche, Möglichkeiten, etwas zu »erleben« oder mich zu beweisen. Ein Highlight jagt das andere. Das ist aufregend. Und gleichzeitig kann dieses Tempo auch monoton sein. Lange habe ich nach einem Wort gesucht, das dieses Paradox ausdrückt, dass im ewigen »too much« auch viel Langeweile und Frust drinstecken. Nun habe ich es gefunden: dabdabhada.

Zudem erinnert mich der Begriff an das, was Marx einst als »Entfremdung« bezeichnet hat. Damit meinte er, dass die Menschen immer geisterhafter werden, wenn sie nur noch arbeiten, konsumieren und, vereinfacht gesagt, ihr ganzes Dasein dem Kapitalismus unterordnen. Dieser Zustand kam mir immer klaustrophobisch vor, genau wie der Mindset, den dabdabhada beschreibt. Außerdem sind Erstickungsgefühle doch unausweichlich, wenn jede Minute des Tages produktiv genutzt werden soll – so, wie das heute der Fall ist.

Wird es bei mir ganz arg, fahre ich übrigens mit dem Velo irgendwo hoch und blicke auf die Stadt. Zum Beispiel bei der Waid oder beim Zoo, Hauptsache in der Nähe des Waldes. Ich weiß nicht, was es mit dem Hirn macht, wenn man »rauszoomt« und die Kirchen, Straßen und Kräne von oben betrachtet, aber bei mir zerbröselt die Anspannung dann schnell wie eine trockene Semmel. Theodor Fontane schrieb: »Es ist und bleibt ein Glück, vielleicht das Höchste, frei atmen zu können.« Jetzt weiß ich sogar, wie dieses Gefühl auf Koreanisch heißt: teu-ida.

DREI TAGE OFFLINE

Ich fahre ins Wallis. Allein und ohne mein Smartphone. Vor Kurzem habe ich nämlich gelesen, dass junge Leute ihr Smartphone mehr als zweitausend Mal am Tag berühren. Und durchschnittlich 25 Stunden die Woche online sind. Zuerst dachte ich: Wow, ist ja irre viel. Dann rechnete ich nach und merkte, dass es bei mir manchmal sogar noch mehr sind. Ich schämte mich so, dass ich mir einen kalten Entzug verordnete.

Mein Ziel ist das Dorf Saillon, es soll dort sehr ruhig sein, außerdem steht da der kleinste Rebberg der Welt. Er besteht aus drei Rebstöcken und gehört dem Dalai-Lama. Zinédine Zidane und Jane Birkin haben ihn schon bewässert, kein Witz. Am Bahnhof kaufe ich fast noch ein Buch von Eva Illouz, weil ich denke, ich müsse im Wallis etwas »Produktives« tun. Im Gepäck ist nur ein Roman über französische Arbeiterkinder. Auf der Zugfahrt schaue ich drei Stunden lang aus dem Fenster, während alle um mich herum in ihr Endgerät starren, wie die Autorin Sibylle Berg Handys konsequent nennt.

Saillon ist auf einem Felsvorsprung gebaut. Ich steige

zwischen den Reben hoch und gelange ins Dorf. Zuerst setze ich mich ins Café de la Poste. Drei Paare essen schweigend, die Frauen gehen offenbar alle zum selben Friseur, die Männer bestellen die Rechnung, indem sie einfach einen Finger heben. Im Radio läuft Taylor Swift. Es geht mir gut. Aber ich fürchte mich etwas vor der vielen Zeit. Die hat in meiner Vorstellung jetzt nämlich einen Bauch bekommen. Ich denke an den Philosophen Byung-Chul Han, der meint, in der Gegenwart lebten wir in der »Strich-Zeit«, da wir das Verweilen verlernt hätten und stets auf dem Weg zu etwas hin seien (einer Traumfigur, einer Beförderung). So entstehe ein Sog nach vorne. Das Gegenteil davon sei die »Punkt-Zeit«, die beim Verweilen entsteht. Da bläht und dehnt sich die Zeit aus, wie ich es jetzt gerade erlebe.

Wie ich so dasitze und mein Lebkuchenbrot esse, wird mir bewusst, dass sich das »Jetzt« in meinem Alltag oft zu einem »Nichts« verflüchtigt – was viel mit dem Smartphone zu tun hat. Ich nehme meinen Atem, die Geräusche um mich herum nicht mal mehr wahr. Ich tippe auf dem iPhone, höre das *Echo der Zeit*, schaue Seth Meyers auf Youtube, schreibe Mails. Es passiert einfach, ich merke es kaum. So kann sich mein Cortisolspiegel, also mein Stresshormonhaushalt, nie erholen.

Ich finde das Haus, in dem ich übernachten soll, ohne Probleme. Es gehört Carole (die ich über Airbnb gefunden hatte …). Das ganze Haus ist vollgestellt mit Nippes, hier ein Porzellankürbis, da ein Zwerg. Mein Zimmer ist so lieblich, dass ich der Lieblichkeit fast nicht traue. Die eine Wand ist mit Büchern vollgestellt, die alle vom Wald handeln: *Les Forêts*, *Pour un Arbre* etc., die gegenüberliegende Wand mit solchen über den Mond: *La Lune: Mystères & Sortilèges*, *Cache-Lune* usw.

Die Autorin Jia Tolentino hat in ihrem Buch *Trick Mirror* geschrieben, dass die sozialen Medien nur funktionieren, weil alle Informationen (Ferienbilder, inspirational quotes) austauschbar sind und uns nie wirklich befriedigen. Wenn sie uns ein Gefühl der Sättigung geben würden, würden wir nicht fünfzig Mal am Tag die App öffnen und noch ein Selfie hochladen. Sprich: Das Internet mit unseren Daten füttern, was Facebook viel Geld bringt. Und das Schlimme ist: Ich weiß das schon längst und kann dennoch nicht aufhören, Insta-Stories zu machen, wenn ich einen Regenbogen sehe oder ein sehr schönes Haus. Likes geben mir ein Minihoch, sodass ich immer wieder zu diesen Plattformen zurückkehre. Je länger ich offline bin, desto mehr denke ich: Ich sollte das aufgeben mit diesen Minihochs. Das ist nämlich wie ständig Pepsi Light zu trinken, wenn man eigentlich Rindsgulasch will.

Am Nachmittag laufe ich hoch zur Burgruine. Das Tal zwischen Sion und Martigny ist flach. Man muss nur zwanzig Meter in die Höhe und sieht kilometerweit, Rebberge, dazwischen Ansammlungen von Häusern, die dicht beieinanderstehen. Ich ducke mich etwas und steige über eine gewundene Treppe nach oben. Da steht ein Mann mit Stirnband. Wir erschrecken beide. Er zieht hastig los und murmelt: »Bien profitez!« Auf der Burgplattform scheint mir die Sonne ins Gesicht, die Berge sind majestätisch. Normalerweise hätte ich nun ein Foto gemacht und es meiner Oma geschickt. Aber jetzt stehe ich einfach da. Es fühlt sich nicht so toll an, wie ich erhofft hatte. Enttäuscht steige ich hinab und laufe die Straße zu den Reben hoch, setze mich auf die trockene Erde und lausche dem Wind. Nach einer Weile fühle ich mich ruhig.

Als Kind war das Handy für mich etwas Tolles. Ich spielte auf dem Nokia 3310 meiner Mutter *Snake* und war richtig gut. Mein erstes eigenes bekam ich mit zwölf, als ich aufs Gymnasium wechselte. Von da an brauchte ich es primär, um meinem Schulschwarm SMS zu schreiben. Das einzig Schlimme war, dass der Speicherplatz so beschränkt war und ich entscheiden musste, welche SMS ich lösche. Als Kind war mir auch nie langweilig. Und wenn, dann stand ich am Fenster und starrte die Tanne im Nachbargrundstück an. Sonst habe ich »gegrümschelt«. Das heißt: Ich habe meditativ in meinen Dingen gekramt. Das konnte ich tagelang tun. *Bravo*-Poster sortieren, Schränke neu ordnen. Heute lasse ich Langweile gar nicht erst zu, weil ich sofort zum iPhone greife. Online muss ich ja stets etwas tun – liken, sharen –, um meine Sichtbarkeit aufrechtzuerhalten.

Zum Abendessen setze ich mich wieder ins Café de la Poste und bestelle Apfel-Quitten-Kuchen. An der Wand hängt ein Poster mit Sprüchen, wie man in verschiedenen Sprachen »Ein Bier, bitte!« sagt. Auf dem Heimweg habe ich gesehen, dass es in Saillon ein Falschgeldmuseum gibt. In der Nacht bin ich tausend Mal aufgewacht, wobei ich keine Ahnung hatte, ob es elf oder fünf war.

Allmählich gehe ich sorgfältiger durch den Tag.

Ich bestreiche das Brot langsamer, kaue länger, gehe aufrechter, putze die Zähne besser. Lauter peinliche Selbstbeobachtungen, die auch Julia Roberts in *Eat Pray Love* anstellen könnte. Gern würde ich eine ironische WhatsApp-Nachricht an jemanden schicken, aber geht halt nicht. Je länger, je absurder scheint es mir, dass ich in Zürich ein Leben führe, in dem ich den ganzen Tag Worddokumente anstarre, zur Prokrastination Dolly Aldertons Instagramprofil studiere, abends zur »Entspannung« zum fünfhundertsten Mal *Rear Window* streame und gleichzeitig mit meinen Freund*innen texte.

Vor zwei Tagen habe ich einen Podcast gehört über die Gefahren von übermäßigem Smartphone-Gebrauch (primär Stress). Die Expertin riet, man solle sich Regeln im Alltag aufstellen: Kein iPhone im Schlafzimmer, Offline-Sonntage … halte ich alles für sinnvoll, aber wäre es nicht sinnvoller, die Konzerne in die Pflicht zu nehmen, die diese Apps maximal suchtauslösend programmieren, anstatt uns auch noch die Aufgabe aufzubürden, dies selbst in den Griff zu kriegen? Ab sieben Uhr läuten die Kirchglocken wieder. Ich liege noch eine Stunde im Bett, um zehn gehe ich spazieren. Die Häuser im Tal haben weiße Dächer, die Alpen leuchten über dem Nebel. Dieses Tal, so denke ich, ist so still, dass jedes Postauto wie ein bedrohlicher Donner von den Felsen hallt.

Ich denke im Wallis viel über das Wort »Achtsamkeit« nach. Sonst meide ich dieses Wort, weil es mich an Duftkerzen erinnert. Aber ich habe tatsächlich verlernt, gegenwärtig zu sein. Wenn mein Smartphone in der Nähe ist, bin ich mit ein paar Hirnzellen immer in der digitalen Welt, denke über meine Performance bei Instagram nach, vergleiche mich mit anderen jungen Autor*innen, die mehr Follower haben, schönere Haare. Dass ich das Jetzt nicht mehr wahrnehme, hat Konsequenzen. Eine davon ist, dass ich viel mehr zu Angst und Nervosität neige als früher. Die sozialen Medien tragen dazu bei, dass ich mich fast nur noch mit dem Leistungsaspekt in mir identifiziere. Nicht mit dem verträumten Teil, der schräge Bücher von Chris Kraus, oder dem geselligen Teil, der gute Dinnerpartys mit schlechtem Essen mag. Mein Selbstwertgefühl ist konstituiert durch das Internet, und ich fürchte ständig: Was, wenn ich nicht mehr performe?

Ich mache mich auf den Weg zu den Bädern von Saillon. Und was soll ich Weltbewegendes sagen? Die Luft ist kalt, das Wasser in den Außenbecken dampft. Es gibt Aquafitness. Ich schwimme einige Längen, schwitze in der Sauna, liege auf der Sonnenliege. Dann habe ich genug und gehe. Der Nebel draußen hat sich gelichtet. Es ist erst halb zwei, der Nachmittag liegt vor mir wie eine laue, träge Masse. Langsam gruselt es mich während meiner Off-Zeit. Ich kapiere, dass das Smartphone offenbar meine Aufmerksamkeit steuert. Es heißt ja auch, die Aufmerksamkeit strukturiere die Art und Weise, wie wir die Welt wahrnehmen. Seit ich ernsthaft darüber nachdenke, ob ich Kinder will, sehe ich zum Beispiel überall schwangere Frauen. Ich frage mich, was ich alles nicht sehe, weil mein Kopf ständig in diesem Gerät ist. Der Psychologe William James schrieb bereits 1890, dass unsere Aufmerksamkeit nur so lange bei einer Sache verharre, wie wir etwas »Neues« darin entdecken. Echte Aufmerksamkeit sei daher ein »Akt des Willens«. Deshalb muss man lernen, der »Langeweile« standzuhalten, um ein Kunstwerk gründlich zu betrachten. Wenn der Wille und die Aufmerksamkeit also so eng miteinander verknüpft sind, bedeutet das, dass ich längerfristig meinen Willen verliere, wenn ich meine Aufmerksamkeit verliere?

Ich setze mich mit Knäckebrot und Käse auf eine Bank in die Sonne, bis mir langweilig ist. Dann spaziere ich ins Nachbardorf. Ich trinke einen Verveine-Tee und frage mich, warum das auf Deutsch »wohlriechendes Eisenkraut« heißt. Ich muss die ganze Zeit an Birchermüesli denken. Vielleicht weil es für mich der Inbegriff des *Gesunden* ist und ich mich gerade so gesund fühle? Gleichzeitig überlege ich mir, was wohl für Mails noch ungelesen sind und ob jemand mich vermisst.

Der Philosoph Gilles Deleuze schrieb, dass es ein Recht darauf gebe, nichts zu sagen. Denn nur durch Nachdenken könne man zu Aussagen gelangen, die es auch wert sind, ausgesprochen zu werden. In Saillon denke ich: Ich will dieses Recht künftig auch für mich beanspruchen. Das Problem ist nur, dass man online nicht für selten geäußerte, kluge Gedanken belohnt wird, sondern für rasch formulierten Quatsch. Am Abend spaziere ich durch die Kälte. Der Sonnenuntergang in diesem Tal dauert fünf Minuten, dann ist es stockfinster. Zurück in meinem Zimmer weiß ich nicht, was tun. Die Zeit kriecht dahin. Also lese ich den französischen Roman (geht nicht gut aus, der Front National gewinnt) zu Ende und lege mich ins

Bett. Mein Schlaf ist unruhig. Am Morgen steige ich zur Bushaltestelle hinab, ich bin ein bisschen stolz auf mich. Ich habe es geschafft, die Stille und vor allem: mich selbst auszuhalten. Ich denke: Das Offlinegehen ist eine Superkraft. Man hat die Macht, seine Zeit zu vermehren und den Geist zu beruhigen. Daher habe ich natürlich tausend Mal überlegt, ob ich mir nun wieder ein altes Telefon zulegen oder meine Artikel ab jetzt per Fax verschicken soll. Aber ich werde nichts davon tun.

Die Künstlerin Jenny Odell sagt nämlich, dass »einfach aussteigen« keine Lösung sei. Wer wirklich etwas ändern wolle, müsse inmitten der digitalisierten Welt bleiben und stören wie einst Diogenes von Sinope im antiken Athen. Der Philosoph stellte allerlei Seltsames an, um die Leute dazu zu bringen, ihr Verhalten zu hinterfragen. Einmal rollte er etwa ein Weinfass die Straße hoch und runter, und als er gefragt wurde, was er da tue, sagte er: »Na, ich versuche so geschäftig auszusehen wie ihr die ganze Zeit.« Um in der Gegenwart ein Diogenes zu sein, so schreibt Odell (in ihrem tollen Buch *How to Do Nothing*), müssten wir die Technik nicht aufgeben, sondern immer wieder für längere Zeit offline gehen, um uns zu emanzipieren – vom Clickbait, von der Performance-Logik. In anderen Worten: Wir müssen unsere Aufmerksamkeit von den Geräten zurückerobern, um fähig zu sein, die Mechanismen zu hinterfragen, denen wir uns unterwerfen. Zu Hause liegt das iPhone auf dem Küchentisch. Es sieht nutzlos aus und kalt. Ich schalte es ein und halte die Luft an: 5 SMS, 17 Whatsapp, 69 Mails, 10 Instagram-Notifications. Was für ein Mist.

VOM SCHEITERN

Weil ich wirklich nicht gut mit Misserfolgen umgehen kann, habe ich mir vor Kurzem das viel besprochene Buch *How to Fail* der britischen Autorin Elizabeth Day gekauft. Ich hoffte, darin etwas Nützliches über das Scheitern zu lernen, doch ich ärgerte mich nur.

Im Buch erzählt Day nämlich von all ihren bisherigen Fehlschlägen (die Kapitel sind unterteilt in Themen: How to fail at work, Babys, Dating etc.), und zusammengefasst geht die Story so: Mit 37 Jahren erfährt die Schriftstellerin, dass sie keine eigenen Kinder bekommen kann, und trennt sich von ihrem Ehemann. Sie ist am Boden zerstört, weil sie immer gedacht hatte, ihr Leben werde so verlaufen wie im Film: perfekte Ehe, süßes Baby, toller Job. Also packt sie ihre Koffer und fängt in Los Angeles von vorne an.

Die Message des Buches ist: Das Scheitern hat sein Schönes, denn jeder Fehltritt ist eine Chance, um etwas zu lernen. Rückblickend halfen Elizabeth Day nämlich alle Hürden, um im Leben vorwärtszukommen. In Los Angeles schreibt sie ihren ersten Bestseller (inzwischen sind es vier) und findet ihren Traummann. Aus jedem

»Misserfolg« wurde ein Erfolg, sodass Day mit 41 Jahren ein perfektes Happy End bekommt. Als ich das Buch zuklappte, dachte ich: Was für eine Zeitvergeudung.

Ich bin zwar mit Day einig, dass man aus Fehlern lernen kann und soll, aber die Vorstellung, dass jeder Misserfolg sofort eingebettet werden muss in eine beginnende Erfolgsstory und jedes Scheitern eine wichtige Lektion zu beinhalten hat, die den Weg nach oben befeuert, ist ein Riesenstress. Das Leben ist doch keine geradlinige Fortschrittsbewegung, sondern eher eine Holperfahrt mit Hochs und Tiefs, die man nicht vorhersehen kann. Wäre es daher nicht entlastend, wenn das Scheitern auch mal nur blöd, gemein oder ungelegen sein dürfte?

Das Problem, so dachte ich dann, ist, dass eigentlich nur hypererfolgreiche Menschen in der Öffentlichkeit über ihr »Scheitern« reden. Oprah Winfrey, die von ihrem ersten TV-Job gefeuert wurde, J. K. Rowling, deren erstes *Harry-Potter*-Manuskript abgelehnt wurde. Aber ein ehrliches Gespräch über Misserfolge, die auch rückblickend Misserfolge geblieben sind, gibt es nicht. Gerne würde ich mal ein tröstendes Buch darüber lesen. Und sowieso habe ich immer noch so viele Fragen: Was ist Scheitern überhaupt? Fühlt es sich schlecht an, weil man sich ein Ziel gesetzt hat und es nicht erreicht? Oder eher, weil es peinlich ist und man Angst davor hat, was die andern denken?

Elizabeth Day wollte ein ermutigendes Buch schreiben, aber in meinen Augen hat sie ausgerechnet mit *How to Fail* versagt. Ich habe von einer Hamburger Punkband nämlich mehr über das Scheitern gelernt als aus ihren 340 Seiten. Die Goldenen Zitronen brauchten dafür sogar nur eine Songzeile. Und die geht so: »Vielleicht ist Scheitern in Wahrheit gar keine Chance/ sondern viel, viel mehr etwas, etwas wirklich Intimes.«

CAT PERSON

Vor bald drei Jahren veränderte eine Kurzgeschichte mein Leben: Im Dezember 2017 publizierte das Magazin *The New Yorker* nämlich einen Text mit dem Titel *Cat Person*, geschrieben von der damals noch völlig unbekannten Autorin Kristen Roupenian.

In nur wenigen Tagen lasen Millionen von Menschen die Kurzgeschichte, teilten sie auf Facebook, stritten auf Twitter darüber, es wurden sogar eigene Hashtags dafür geschaffen. *Cat Person*, so sagt man heute, sei der erste literarische Text in der Geschichte des Internets, der »viral« ging.

In der Geschichte trifft die zwanzigjährige Studentin Margot den vierzehn Jahre älteren, etwas plumpen Robert. Zuerst schreiben sie sich witzige SMS, dann verabreden sie sich. Sie gehen ins Kino, später in eine Bar und als Robert Margot dann küsst, ist sie hin- und hergerissen. Einerseits findet sie seine gierigen Zungenküsse eklig, andererseits ist sie erregt, wenn sie daran denkt, wie sehr sie ihn erregt. Zudem mag sie seine Unbeholfenheit irgendwie.

Margots Zwiespalt bleibt, bis sie nackt in seinem

Schlafzimmer steht und merkt, dass sie wirklich nicht mit Robert schlafen will. Sie sieht seinen speckigen Bauch und kann nicht glauben, dass sie hier gelandet ist. Dann kommt folgende Schlüsselpassage: »Der Gedanke daran, was es an Aufwand bedeuten würde, jetzt zu stoppen, was sie in Bewegung gesetzt hatte, war überwältigend. Es hätte ein Maß an Takt und Sanftmut gebraucht, das sie sich nicht vorstellen konnte, aufzubringen (…) So als hätte sie in einem Restaurant eine Bestellung aufgegeben, nur um das Essen dann, als es kam, zurückgehen zu lassen.« Also schläft Margot mit Robert. Es ist keine Vergewaltigung, aber auch kein richtig einvernehmlicher Sex. (Die Auflösung der Geschichte und die Erklärung für den Titel verrate ich hier nicht.)

Die Story von Margot und Robert schlug deshalb so ein, weil Abertausende Frauen nach der Lektüre berichteten, sie seien Dutzende Male selbst in einer ähnlichen Situation gewesen. Sie erzählten, dass auch sie Sex gehabt hätten aus einem Pflichtgefühl heraus oder weil sie niemanden vor den Kopf stoßen wollten. Bisher gab es kein Wort für das diffuse Gefühl, man »schulde« jemandem Sex. Nun heißt das: eine Cat-Person-Situation.

Die Geschichte ist so genial, weil sie die Komplizenschaft von Frauen bei dieser Art von ungewolltem Sex thematisiert, ohne sie schuldig zu sprechen (im Sinne von »sie hätte ja einfach gehen können«). Der Text zwingt einen, darüber nachzudenken, ob Margots Passivität eine Charakterschwäche ist oder doch damit zu tun hat, dass Mädchen immer noch dazu angehalten werden, unterwürfig und sexy zu sein. Nur so viel ist klar: *Cat Person* hat etwas verändert. Endlich gibt es ein Wort, um dieses offenbar weitverbreitete Pflichtgefühl in Bezug auf Sex zu benennen. Frauen verstehen, dass sie nicht allein sind damit. Unter anderem auch ich.

BRAVO GIRL

Ich kann mich noch genau an den Moment erinnern, als mein Hirn korrumpiert wurde. Ich war elf Jahre alt und schaute mir die *Bravo Girl* an. Ich blätterte durch die Seiten und blieb bei einem Spezial zur Badesaison hängen. Da gab es Shoppingtipps und eine Anleitung, wie man die Haare zu Zöpfen flicht. Normales »Mädchenzeug« halt. Doch da waren auch Fotos von einer Fünfzehnjährigen abgedruckt, die im Bikini zeigte, wie man sich vorteilhaft auf dem Strandtuch drapiert. Zuerst verstand ich nicht. Wie jetzt vorteilhaft? Heißt das: möglichst bequem? So, dass kein Vanilleeis kleckert?

Doch langsam verstand ich. Aha! Mit »vorteilhaft« meinen die, dass man besonders dünn aussieht. Klar hatte ich zuvor schon die Frauenhefte meiner Mutter studiert und wusste, dass die herausstehenden Hüftknochen des Topmodels Amber Valletta als schön galten. Aber das hatte irgendwie nichts mit mir zu tun. Das war die Welt der Erwachsenen. Doch *Bravo Girl*, das war meine Welt. Schließlich liebte ich es, ins Freibad zu gehen! Plötzlich war dieses Ideal vom Dünnsein ganz nah, und zum ersten Mal beschlich mich das

Gefühl, mit meinem Körper – meinem Bauch, meinem Hintern – könnte etwas nicht stimmen.

Nur fünf Jahre später, also mit sechzehn, schrieb ich in mein Tagebuch: »Seit ich denken kann, empfinde ich meinen Körper als Baustelle. Nie ist er, wie ich es mir wünsche. Ich sehe in den Spiegel und sehe Pickel. Ich fühle mich ungepflegt, eklig. Wenn ich in der Badewanne liege, drücke ich meinen Bauch so zusammen, dass er Falten wirft, und pikse mit dem Finger hinein. Ich will meinen Körper abschaffen. Egal, was ich tue, epiliere, wasche, eincreme, mein Körper schlägt zurück. Es wächst, kräuselt, fließt. Dabei will ich doch glatt und wohlriechend sein.«

Inzwischen sind zehn Jahre vergangen, aber das *Bravo Girl* verfolgt mich immer noch. Wenn ich morgens aufwache, betrachte ich mich zum Beispiel als Erstes im Spiegel neben meinem Bett und denke: Wie sehe ich denn aus? Meine Haare stehen in alle Richtungen ab, wie die von Bonnie Tyler im *Total Eclipse of the Heart*-Video (legendär). Deshalb kraxle ich sofort unter dem Duvet hervor, bürste mir frenetisch den Pony, trage diese überteuerte Anti-Pickel-Creme aus Frankreich auf und setze die Kontaktlinsen ein. Ich mache mich jeden Morgen sofort »präsentabel«, selbst wenn ich gar nirgends hinmuss.

Vielleicht, so denke ich, habe ich einfach einen irreparablen Schaden, zumindest was mein Aussehen betrifft. Einerseits wegen der *Bravo Girl*. Und andererseits, weil ich es so gewohnt bin, mit meinem Körper exponiert zu sein. Womöglich kann ich gar nicht anders, als übervorsichtig zu sein. Ich meine: Ich erinnere mich etwa an ein Erlebnis am Gymnasium, als ein Junge auf mich zukam und mir geradeheraus sagte, ich solle meinen BH mit Socken ausstopfen. Das sei zwar peinlich, aber immer noch weniger peinlich als meine beiden »Mückenstiche«.

Das Verwirrendste an meiner Geschlechter-Performance fand ich daher schon immer die Schere zwischen Sichtbarkeit und Unsichtbarkeit. Mein »Frausein« war permanent Thema, wie etwa für diesen Jungen, der meinte, er müsse meinen kleinen Busen kommentieren, aber gleichzeitig hielt ich all den Aufwand, den ich für mein Aussehen betrieb, geheim. Ich erzählte niemandem, dass ich im Letzipark, dem etwas schäbigen Einkaufszentrum im Viertel, Kaltwachsstreifen klaute oder mir beim Haareglätten regelmäßig die Spitzen abfackelte. Ich glaubte eher, es sei meine heilige Pflicht, so zu tun, als wäre mein Äußeres »einfach da«.

Die Botschaft der *Bravo Girl* war eben perfid. Sie lautete: Sei hübsch, aber nicht *zu* hübsch. Achte auf dein Äußeres, aber nicht so, dass man es merkt. Verbissene Frauen gelten ja in jeder Hinsicht als unsexy. Lass es mühelos erscheinen, aber arbeite hart an deinem Körper. So wurde mir während meiner Schulzeit bewusst, dass »Weiblichkeit« gar nicht so easy war, wie ich gedacht hatte, sondern extrem anstrengend. Immerzu musste man etwas tun, um als »Frau« durchzugehen, aber darüber abmotzen durfte man auch nicht. Die feministische Autorin Laurie Penny hatte recht, als sie schrieb: »Genderidentität ist *Arbeit* (…). Es ist ein Job, den wir unfreiwillig an dem Tag übernehmen, an dem uns jemand an die Luft hält und unserer noch keuchenden Mutter erklärt: Es ist ein Mädchen.«

Lange konnte ich nicht in Worte fassen, was in meinem Hirn genau passiert ist, als ich zum ersten Mal die *Bravo Girl* in den Händen hielt, aber inzwischen kann ich es recht gut erklären. In diesem Moment lernte ich, mich selbst von »außen« zu betrachten. Zu meiner Innenwahrnehmung gesellte sich eine zweite Stimme, die mich seither kritisch beäugt, als wäre ich ein Stück beschädigte Ware. Das heißt, dass es mir seither schwerfällt, mich als »ganzen Körper« wahrzunehmen. Wenn ich etwa vor dem Spiegel stehe, sehe ich keine Person. Ich sehe Oberschenkel, die sich zu nahe kommen, Haut, die schon mal straffer war, einen Bauch, den ich nicht mag.

Ich betrachte mich als »fragmentierten Körper«, wie es der französische Philosoph Jean Baudrillard einmal formulierte. Damit meinte er, dass wir jeden Tag mit Bildern von absurd perfekten 2D-Körpern konfrontiert sind, die primär dazu da sind, gut auszusehen und Dinge zu verkaufen, sodass wir uns irgendwann nur noch an diesen orientieren – und ein Unbehagen gegenüber unserem eigenen Körper entwickeln. Wenn ich zum Beispiel nicht zwei Mal die Woche joggen gehe, fühle ich mich wie ein Monster, das aus jeder Pore saftet. An meinem Kühlschrank hängt ein Trainingsplan, damit ich mich nicht »gehen lasse«. Für jede gelaufene Runde darf ich einen Marienkäfer-Sticker aufkleben. In der Öffentlichkeit verdrücke ich natürlich Pasta. Ich will ja den Schein der Mühelosigkeit wahren, aber wenn ich alleine bin, koche ich nur so weirde kalorienarme

Sachen wie Kichererbsen mit Cherrytomaten. Ich habe dieses Verhalten komplett normalisiert, aber im Grunde mach ich da ganz komische Sachen.

Und wenn wir schon bei der Schönheit sind. In meiner frühen Jugend bekam ich so starke Akne, dass ich wegen der Pusteln nicht mehr auf dem Rücken schlafen konnte. Doch während die Jungs aus meiner Klasse einfach Cremes gegen die Pickel hatten, verschrieb mir die Hautärztin sofort die Antibabypille. Das nützte zwar nichts gegen die Akne, aber bei mir blieb die Botschaft hängen: Das Schlimmste, was einer Frau passieren kann, ist, ungepflegt auszusehen. Sogar meine Gynäkologin, die mir die Pille fünf Jahre später erneut verschrieb, pries das Präparat damit an, dass die Haut »rosig« werde. Also nahm ich die Pille sieben Jahre lang, bis Mitte zwanzig. Sieben Jahre, in denen ich keine Libido hatte, dafür krasse depressive Verstimmungen.

Als ich mich dann endlich durchringen konnte, die Pille abzusetzen, blieb meine Periode aus. Ich weiß noch, wie ich bei meiner Frauenärztin saß und ungläubig auf den Ultraschall starrte, der meine Gebärmutter zeigte. Sie sah aus wie ein Käse mit Löchern drin. Alles Follikel, die es nicht zum Eisprung geschafft hatten, weil mein Körper zu »faul« geworden war, diese Hormone zu produzieren. Man nennt das: polyzystisches Ovarien-Syndrom. Ich war also Mitte zwanzig und de facto über ein Jahr lang unfruchtbar. Da merkte ich, wie unsinnig es ist, das Frausein mit reproduktiven Fähigkeiten oder dem Menstruieren gleichzusetzen. Denn Geschlecht, let's face it, ist ein Konstrukt. Und ein Kontinuum sowieso. Und alle, die etwas anderes behaupten, sind mir inzwischen ein bisschen suspekt.

Apropos Menstruieren. Als Teenager dachte ich zudem, ich müsse meine Regel absolut geheim halten. Das war ja auch die Sprache der o.b.-Tamponwerbung: »gibt ein Gefühl der Reinheit«, »schützt sicher vor Flecken«. Heute bin ich da entspannter. Ich bin zum Beispiel fasziniert davon, wie anders mein Schweiß riecht, seit ich die Pille nicht mehr nehme. Oder wie sich meine Haut innerhalb eines Zyklus verändert. Und wenn jemand fragt, wie es mir geht, sage ich durchaus auch: »Nicht gut. Ich habe Menskrämpfe.« Das ist befreiend. Zudem amüsiert es mich, Vorgesetzte, die sich für sehr liberal halten, damit vor den Kopf zu stoßen.

Wenn ich vor meinem Schrank stehe, frage ich mich heute manchmal, wie ich mich wohl kleiden würde, wenn es keine Geschlechterstereotype mehr gäbe. Ich denke, es wäre anders, mutiger, fantasievoller. Aber wie? Ich kann mir gut vorstellen, dass ich dann nur noch Anzüge tragen würde. Neben meinem Schreibtisch hängt nämlich ein Foto von Max Frisch, darauf trägt er einen locker sitzenden, dunklen Anzug zu klobigen Schuhen, seine dicke Brille sitzt schief im Gesicht. Das finde ich ziemlich *hot*. So würde ich gerne aussehen.

Stattdessen kleide ich mich so, wie ich am wenigsten auffalle. Die Autorin Roxane Gay hat mal geschrieben: »Das Leben macht mir Angst, also neige ich dazu, mich so zu kleiden, dass ich mich unsichtbar und damit sicher fühle.« Das kann ich gut verstehen. An schlechten Tagen trage ich nämlich ein schwarzes Baseballcap, auf dem steht »change hurts«, das ich mir ganz weit ins Gesicht ziehe. Damit fühle ich mich stärker, vielleicht auch, weil solche Hüte tendenziell von Männern getragen werden und ich mir vorstelle, dass mich die Leute für krasser halten, wenn ich ein männlich konnotiertes Kleidungsstück trage.

Dabei, was ist das überhaupt, »ein männlich konnotiertes Kleidungsstück«? Wenn ich solche Sachen denke, merke ich, wie tief sich diese Mann-Frau-Dichotomie in mein Hirn eingebrannt hat. Und auch daran ist die *Bravo Girl* schuld. Ich erinnere mich etwa an eine Ausgabe mit der Schauspielerin Rachel Bilson auf dem Cover, in der stand, dass Mädchen häufig Karotten essen sollten, um im Sommer schneller braun zu werden. Ich lernte, dass Jungs diese Bräune sexy finden und offenbar alles, was ich tue, Teil meines Mädchenseins ist. Sogar das Essen von Karotten.

Aber damit endete der verheerende Einfluss der *Bravo Girl* nicht. Leider brachte mir dieses Heft auch bei, dass es genau *eine* Idealfrau gibt, der es nachzueifern gilt. Heute würde ich sagen: Sie ist *weiß*, schlank, cis, heterosexuell und, außer beim Flirten, komplett fade. Einige dieser Kategorien erfüllte ich ohne viel Zutun, daher wurde meine Daseinsberechtigung nie infrage gestellt. Aber ich meine: Wie abgefuckt ist es, dass es gerade mal ein superenges Ideal gibt und deine »Konformität« darüber entscheidet, ob du von der Gesellschaft beschützt wirst oder nicht?!

Und die letzte Sache, die mir die *Bravo Girl* eingebläut hat, ist, dass *Gefallen* die höchste Währung ist, die eine Frau anstreben kann. Alle Artikel trugen nämlich Titel wie: »Mit diesen Herbst-Frisuren bist du der Star auf dem Schulhof« oder »So kommst du bei deinem Schwarm an«. Nie gab es Artikel, die gezeigt hätten, wie man sich autonom durch die Welt bewegt oder wie cool Mädchen sind, die gut zeichnen können. Und das ist leider nichts Neues. Jedenfalls schrieb die Philosophin Simone de Beauvoir schon 1949: »Man bringt der Frau bei, dass sie, um zu gefallen, zu gefallen suchen muss.«

Daher, so denke ich manchmal, habe ich heute eine Obsession mit Freundlichkeit. Nicht, dass Unfreundlichkeit das Ziel wäre, aber ich habe wirklich Panik davor, jemanden vor den Kopf zu stoßen. Wenn ich zum Beispiel E-Mails schreibe, beende ich sie immer mit dem Satz: »Ich wünsche Ihnen noch einen wunderbaren Tag«, mein meistgenutzter Verbmodus ist der Konjunktiv und Worte wie »vielleicht« und »möglich« stehen zuoberst auf meiner Liste. Ich schreibe nie: Kannst du das bitte noch erledigen? Ich schreibe: Wäre es vielleicht möglich, dass du das noch erledigen könntest?

Auf den ersten Blick hat das wahrscheinlich nicht viel mit meinem Geschlecht zu tun, aber insgeheim rechne ich eben immer eine *Gender-Bias* mit ein. Bei den E-Mails befürchte ich etwa, als »zickig« rüberzukommen, während dieselbe Nachricht bei einem männlichen Kollegen vermutlich als »willensstark« interpretiert würde. Hinzu kommt, dass alle meine Chefs und *Editors* bisher Männer waren und ich mich sorge, in ihrer Gunst zu sinken, da ich ja etwas abhängig bin.

Manchmal frage ich mich auch, was ich »als Frau« generell im Journalismus suche. Ich bekomme nämlich immer wieder Leserbriefe von Männern über fünfzig, die mich auf ein Glas Wein einladen – so, als hätte ich in der Zeitung eine Datingannonce geschrieben und keinen Meinungstext. Und als ich vor einigen Jahren bei meinem Chef kündigte (den ich eigentlich über alles schätze), rieb er sich die Stelle zwischen den Augenbrauen und sagte: »Du schreibst also fortan eine Kolumne? Ist das nicht ein Job für ältere Herren?«

Ich verstehe, wenn sich das mit dem Gender-Bias für einige anhört wie eine Verschwörungstheorie. Manchmal frage ich mich ja selbst, ob nicht *ich* das Problem bin. Aber die Zahlen sprechen für sich. In der Schweiz zum Beispiel verdienen Frauen laut dem Bundesamt für Statistik immer noch 18,3 Prozent weniger Lohn als Männer, sind stärker von Altersarmut betroffen und übernehmen zwei Drittel der unbezahlten Arbeit. 2016 waren 73 Prozent der knapp über 10000 Menschen, die von häuslicher Gewalt betroffen waren, Frauen. Der Frauenanteil im Ständerat beträgt 26,1 Prozent und laut dem *Global Gender Gap Report 2020* wird es noch 257 Jahre dauern, bis die Geschlechter in der Wirtschaftswelt gleichgestellt sind.

Eigentlich will ich im Alltag gar nicht über mein Frausein nachdenken. Lieber tanze ich in der Küche zum Rap von Princess Nokia und tu so, als würde ich über allen Stereotypen stehen. Aber damit veräpple ich mich nur selbst. Ich stehe nämlich über gar nichts. Wenn ich ehrlich bin, plagt mich eine fundamentale Angst davor, Raum einzunehmen. Das ist das Grundgefühl meiner Geschlechter-Performance.

Ich bin übertrieben höflich und esse wenig, weil ich

gesehen habe, was mit Frauen passiert, die »zu hungrig«, »zu laut« oder »zu raumeinnehmend« sind, wie etwa Hillary Clinton, die Präsidentin werden wollte und als *nasty woman* beschimpft wurde. Oder die Pussy-Riot-Aktivistin Nadja Tolokonnikowa, die nach einem politischen Punkkonzert zwei Jahre in Lagerhaft gesteckt wurde. Manchmal, so kommt es mir vor, sind wir in gewisser Hinsicht nicht viel weiter als im Jahr 1836, als ein gewisser Charles Butler im Buch *The American Lady* noch schrieb: »Die ideale Frau weilt hungernd und in bescheidener Dankbarkeit bei ihrem Gatten, der genießt, was sie aufgetischt hat.«

Okay, das war jetzt vielleicht ein bisschen übertrieben, aber manchmal packt mich einfach so ein Zorn auf die Welt, wenn ich sehe, dass Frauen fast nie für ihre Begehren wertgeschätzt werden, sondern eher für ihre Bereitschaft, diese zu zügeln. Denn das war es ja, was mir die *Bravo Girl* vor all den Jahren beigebracht hat: Sei hübsch, aber nicht *zu* hübsch. Iss Karotten, aber nicht zu *viele*. Drapier dich auf deinem Strandtuch, aber nur, wenn du dabei *dünn* aussiehst. *Be yourself!* – aber nur, wenn du die Jungs damit nicht überforderst. Es war eine einzige Gebrauchsanweisung im Sichkleinhalten.

Die großartige Autorin Chimamanda Ngozi Adichie hat mal gesagt: »Ich versuche viele Gender-Lektionen zu entlernen, die ich internalisiert habe, während ich aufgewachsen bin.« Das will ich auch. Ich will mir diesen Scheiß Stück für Stück wieder aus dem Hirn ziehen. Ich will neue Ideale. Ich will auf die Kinder meiner Freund*innen aufpassen, damit diese im Club sturzbetrunken rumknutschen können. Ich will nie mehr vergessen, dass Intersektionalität das Wichtigste ist, was dem Feminismus je passiert ist. Ich will zugeben können, wenn ich im Unrecht war, und den Mund aufmachen, wenn ich glaube, im Recht zu sein. Ich will häufiger sagen: *What the actual fuck!*

Ich will Leopardenleggins zu Lackschuhen tragen. An einem Montagmorgen. Ich will auf Autofahrten laut zu alten Elton-John-Songs mitgrölen. Ich will den Mittelfinger zeigen, wenn mir auf der Straße jemand zuzwinkert: »So ein schönes Gesicht … lächle doch mal!« Ich will mit meiner Großmutter Tomaten anbauen und nie mehr Angst davor haben, als »kompliziert« zu gelten. Ich will eloquenter Barthes-Zitate spitten als jeder Besserwisser im Kolloquium. Ich will streiken. Ich will nie mehr über meine schwabbligen Oberarme nachdenken. Ich will laut loslachen, wenn ich die einzige Frau in der Redaktionssitzung bin und sich alle zu mir umdrehen, nur, weil es um KiTaS geht. Ich will hungrig sein und essen – bis ich mir satt und glücklich den Bauch halte und denke: Endlich.

BIAS BLIND SPOT

Dieser Text ist etwas technisch, dafür möchte ich mich jetzt schon entschuldigen. Aber es gibt eben eine Anekdote aus der Wissenschaft, die ich unbedingt erzählen will, und die geht so:

Im Jahr 2002 hatte die Sozialpsychologin Emily Pronin eine Idee. Sie wollte herausfinden, wie Menschen ihre eigene Urteilsfähigkeit bewerten, also begann sie zusammen mit ihren Kollegen Daniel Lin und Lee Ross ein Experiment. Sie interviewte sechshundert Testpersonen und stellte fest, dass 85 Prozent der Befragten meinten, unvoreingenommener zu sein als ihre Mitmenschen. Nur eine Person fand, parteiischer zu sein als der Durchschnitt. Eine einzige Person. Von sechshundert!

Pronin, Lin und Ross waren so perplex von der Deutlichkeit dieses Ergebnisses, dass sie diesem Phänomen gleich einen Namen gaben: Bias blind spot. Der Begriff ist angelehnt an den blinden Flecken im Auge und beschreibt, vereinfacht gesagt, eine kognitive Verzerrung, die dazu führt, dass wir Parteilichkeit bei anderen besser erkennen können als bei uns selbst. Der

Bias blind spot greift zum Beispiel, wenn ein Politiker einer anderen Politikerin vorwirft, ideologisch verblendet zu sein, weil sie etwa eine Reichensteuer fordert, während er seine gegenteilige Meinung für das, objektiv gesehen, Rationale hält (obwohl natürlich beide Standpunkte mit subjektiven Werten zu tun haben).

Die Gründe für diesen »toten Winkel« bei der Selbsteinschätzung, so die Forschenden, sei erstens der sogenannte self-enhancement bias, also der Drang, sich selbst in einem guten Licht zu sehen (weshalb wir in der Lage sind, »Negatives« wie die eigene Parteilichkeit auszublenden). Und der zweite Grund ist, dass wir nur uns selbst beim Denken »zusehen« können und daher glauben, wir kämen im Gegensatz zu anderen besonders nüchtern zu unseren Haltungen.

Okay, vielleicht war das jetzt gar nicht so trocken, wie ich befürchtete, aber jedenfalls beschäftigt mich diese These seit Wochen, weil ich denke: Auf eine Art ist es doch logisch, dass wir unsere Sicht auf die Welt manchmal mit der »objektiv richtigen« verwechseln. Schließlich können wir nicht aus unseren Köpfen und Gedanken raus. Voreingenommenheit ist ja auch nicht per se etwas Verwerfliches. Problematisch wird es erst, wenn wir uns gar nie eingestehen, dass wir vermutlich viel weniger »neutral« sind, als uns das lieb ist.

Absurd scheint mir außerdem, dass wir sofort bereit sind, andere als parteiisch anzuerkennen, uns selbst aber nicht. Als wären wir die einzige vernünftige Ausnahme. Es ist wie in diesem Witz: Ein Mann fährt auf der Autobahn und hört im Radio: »Achtung, auf der A1 ist ein Geisterfahrer unterwegs« – worauf er ruft: »Nein, es sind Hunderte!« Das große Paradox an der Sache ist laut Emily Pronin daher: Je mehr man sich seines Bias blind spot bewusst wird, desto eher ist man in der Lage, tatsächlich nüchterne Urteile zu treffen.

SEITENTRIEBE

Diesen Sommer habe ich nur gelesen. Egal, wo ich war, am See, im Zug, auf der Wiese, immer hatte ich ein Buch dabei. Meine Freund*innen beklagten sich, ich sei etwas sehr absorbiert von der Lektüre, aber das war mir egal, denn ich war auf einer Mission.

Meine Mission war es, die zehn wichtigsten feministischen Bücher der letzten Jahre (nochmals) zu lesen und ihre Kernanliegen aufzuschreiben.

In letzter Zeit werde ich nämlich immer wieder gefragt, was die Bewegung denn eigentlich wolle und ob sie nicht langsam zu weit gegangen sei mit all den Frauenstreiks und Unisex-Toiletten. Und meist weiß ich dann gar nicht, was sagen, weil mir dämmert, wie sehr die Kernanliegen des Feminismus – durch das ewige Gezänk auf Twitter und die allgemeine Polemik in der Debatte – verdreht wurden (und zudem würde ich es mir niemals anmaßen, so zu tun, als hätte ich den Feminismus »verstanden«).

Also habe ich mir überlegt, wie man für einen Moment wegkommen könnte von Schlagworten wie #MeToo oder gendergerechte Sprache, die alle so in

Aufregung versetzen, um über das große Ganze zu sprechen. Über die Visionen, die den Feminismus ausmachen. Und so bin ich auf die Idee gekommen, die zehn Bücher und ihre Thesen vorzustellen, welche die Bewegung seit 2011 meiner Meinung nach am meisten inspiriert haben. Es sind Bestseller von Autor*innen, denen es nicht darum geht, Twitter-Fights zu gewinnen, sondern darum, sich eine neue Gesellschaft auszumalen.

Fleischmarkt von Laurie Penny

Das erste Buch auf meiner Liste ist *Fleischmarkt* (2011) von der britischen Marxistin Laurie Penny. Es ist das erste »radikale« feministische Buch, das ich in meinem Leben gelesen habe. Ich fand es mit achtzehn gut und finde es heute immer noch gut. Wenig überraschend träumt die Autorin von einer gerechteren Welt, doch verblüffenderweise setzt sie dafür an unserem Körperkult an. Penny beschreibt unsere Obsession mit dünnen Frauen nämlich nicht als hohles Schönheitsideal, sondern sagt: Da ist mehr dabei. Hinter dem Diätzwang steckt die generelle Botschaft: Frauen sollen keinen Raum einnehmen. Die Frauen werden in unserer Gesellschaft darauf konditioniert, ihre Bedürfnisse zu verleugnen, nicht zu essen, aber auch nichts dagegen zu tun, dass sie fast alle unbezahlte Arbeit allein übernehmen: putzen, bügeln, Eltern pflegen und Kinder erziehen. Besonders eindrücklich ist dann folgendes Gedankenspiel. Penny sagt: Stellt euch vor, was passieren würde, wenn eines Morgens einfach alle Frauen aufwachen würden und sich wohlfühlten in ihrer Haut? Dann würde a) die milliardenschwere Schönheitsindustrie kollabieren. Und b) hätte der Kapitalismus ein Problem, weil es für ihn schon sehr praktisch ist, dass es ein »schwaches« Geschlecht gibt, das die sogenannte »Care-Arbeit« gratis übernimmt. Um die Welt zu verändern, so Penny, müssten die Frauen lernen, Nein zu sagen. Nein zum Hunger. Nein zur Illusion, dass man glücklich ist, wenn man dünn ist. Nein zum Hass gegen das eigene Fleisch. Nein zum engen Sarg der Frauenrolle.

Das wichtigste Zitat aus dem Werk: »Wir leben in einer Welt, die den unrealistischen Frauenkörper liebt und reale weibliche Macht hasst.«

We Should All Be Feminists von Chimamanda Ngozi Adichie

Dieses Buch habe ich nur gelesen wegen Beyoncé. Die Sängerin fand es so gut, dass sie gleich einige Zitate daraus in ihrem Song *Flawless* verwendete, und ich wiederum fand den Song so gut, dass ich unbedingt den Text lesen wollte. Und nicht nur Beyoncé mochte ihn. Das 2014 erschienene Buch wurde in 37 Sprachen übersetzt, die Luxusmarke Dior produzierte ein T-Shirt mit dem Slogan »We Should All Be Feminists«, in Schweden wurde das Buch an allen Gymnasien verteilt. Vielleicht, so denke ich, hat der Erfolg damit zu tun, dass die nigerianische Schriftstellerin sehr versöhnlich ist und gleich zu Beginn des Textes klarstellt, dass sie keine verbitterte Feministin sei, sondern eine »glückliche afrikanische Feministin, die Männer nicht hasst und Lippenstift zum eigenen Vergnügen trägt«. Sie fordert aber dennoch das ganz Große, indem sie sagt: Ich will eine Welt ohne Geschlechterklischees. Ngozi Adichie meint, diese engten uns ein wie »eiserne Käfige«. Sie fordert eine Welt voller glücklicher Menschen, in der Mädchen nicht dazu erzogen werden, immer nur liebenswürdig zu sein, und von Männern nicht erwartet wird, immer nur taff zu sein.

Das wichtigste Zitat aus dem Werk: »Das Problem mit Geschlechterrollen ist, dass sie uns vorschreiben, wie wir sein sollen, statt anzuerkennen, wie wir sind.«

Nach den ersten zwei Büchern fällt auf, dass beide Denker*innen – Laurie Penny, die Marxistin mit den pinken Haaren, und Chimamanda Ngozi Adichie, die elegante Schriftstellerin – ähnliche Metaphern benutzen, wenn sie über Geschlechterrollen reden. Die eine sagt »enger Sarg«, die andere »eiserner Käfig«.

Und dieses Motiv wird sich durch alle Bücher durchziehen. Egal, ob die Autor*innen von zwei Geschlechtern ausgehen oder aber darauf hinweisen, dass diese strikte Zweiteilung genau das Problem ist, der Tenor ist immer: Geschlechterrollen machen unglücklich – besonders Frauen, da sie sich immerzu kleiner machen müssen, als sie sind.

Wenn Männer mir die Welt erklären von Rebecca Solnit

Mein Favorit! Ich habe Rebecca Solnits *Wenn Männer mir die Welt erklären* (2014) sicher schon fünfmal gelesen. Allein schon wegen der leuchtenden Sprache lohnt sich die Lektüre. Die Essaysammlung beginnt mit einer Party in Aspen. Die Leute sind etwas dröge, Solnit kommt mit einem »imposanten Mann« ins Gespräch.

Er erzählt ihr von einem wichtigen Buch. Irgendwann merkt sie, dass er ja von einem Buch spricht, das sie selbst geschrieben hat. Sie weist ihn darauf hin, doch er lässt sich nicht beirren und redet weiter.

Ausgehend von dieser Situation beschreibt Solnit das Phänomen der selbstgefälligen Männer, die Frauen ungefragt die Welt erklären. Doch der Punkt, den sie macht, geht weit über diese triviale Situation hinaus. Ihre Message ist, dass das Recht zu sprechen sowie das Recht gehört zu werden für Männer und Frauen in dieser Welt ungleich verteilt ist. Frauen trauen sich oftmals nicht, ihre Stimme zu erheben. Sie werden häufiger unterbrochen. Man stellt ihre Glaubwürdigkeit infrage oder bringt sie mit Gewalt zum Schweigen. Das Recht der Frauen zu sprechen wird in harmlosen wie in gefährlichen Situationen beschränkt. Daher will Solnit eine Gesellschaft, in der alle eine Stimme haben. Nicht nur die Mächtigen. Kurz nachdem der Essay erschien (den sie später zum Buch *Wenn Männer mir die Welt erklären* ausbaute), begannen viele Leute dieses Phänomen als mansplaining zu bezeichnen, zu Deutsch etwa »männerklären«. Vor allem im Netz kursierten bald Dutzende Comics, Memes und bissige Texte, die herablassende Männer kritisierten oder bloßstellten. Solnit distanzierte sich von dem Begriff, da sie keinesfalls unterstellen wollte, dass alle Männer so sind. Dass der Begriff mansplaining sofort in Gebrauch genommen wurde, als wäre es das Selbstverständlichste der Welt, zeigt aber, dass Solnits Essay vielen Frauen aus der Seele gesprochen hat.

Das wichtigste Zitat aus dem Werk: »Die meisten

Frauen kämpfen an zwei Fronten – einmal für oder gegen eine spezifische Sache und einmal schlichtweg für das Recht, ihre Meinung zu äußern.«

Die potente Frau – Für eine neue Weiblichkeit von Svenja Flaßpöhler

Es gibt auch Stimmen, die sagen, der Feminismus sei in den letzten Jahren zu weit gegangen. Kritiker*innen, die meinen, die Bewegung habe »das Kind mit dem Bade ausgeschüttet«, weil sie zu hysterisch, zu kompliziert oder zu akademisch sei. Eine von ihnen ist die deutsche Journalistin Svenja Flaßpöhler, die in ihrem Buch *Die potente Frau – für eine neue Weiblichkeit* (2018) mit der #MeToo-Bewegung abrechnet. Flaßpöhler schreibt, #MeToo sei für den Feminismus und die Frauenrechte im Allgemeinen kontraproduktiv gewesen, weil er das Klischee der schutzbedürftigen Frau und des potenten, aggressiven Mannes perpetuiere. Die Autorin findet das »nachträgliche Anprangern« von Übergriffen unemanzipatorisch, weil sich Frauen so nur als Opfer bemitleiden. Sie fragt geradeheraus: »Ist dieses hilflose Nachtreten wirklich das Verständnis von Selbstermächtigung und Emanzipation, das wir unseren Töchtern mit auf den Weg geben wollen?« Sie ist auch dezidiert gegen striktere Sexualstrafgesetze, da solche Schritte die weibliche Sexualität »infantilisieren« würden. Zudem meint sie, der akademische Feminismus sei zu weit gegangen in seiner Dekonstruktion des Geschlechts. Wenn man sagt, die Frau gebe es nicht, wie will man dann Aktivismus betreiben? Wie der Titel des Buches suggeriert, ist ihre Lösung: die potente Frau.

Die Frau, die Flaßpöhler vorschwebt, ist willensstark, hat eine autonome Lust und braucht weder Hashtags noch Opferrollen. Sie ist gegen die Vorstellung, dass man die Frauen aus dem Patriarchat befreien muss. Wer befreit sein will, soll das gefälligst selbst tun.

Das wichtigste Zitat aus dem Werk: »Wir brauchen zwei potente Geschlechter, die sich in der Fülle begegnen.«

Was mich beim Lesen am meisten beschäftigt, ist die Uneinigkeit der Autor*innen in Bezug auf die »richtige« Strategie. Während Flaßpöhler die Frauen in die Pflicht nimmt, taffer und selbstbewusster zu werden, fokussieren sich Penny oder Solnit fast gänzlich auf die Gesellschaft, die »Struktur«. Und oft ergibt ja die Ansage, man solle selbst aktiv werden, intuitiv mehr Sinn, da das Wort »Struktur« so schwer zu fassen ist und wie eine Erfindung einiger Hardcore-Aktivist*innen wirkt. Daher kommen nun zwei Bücher, die diesen Begriff etwas näherbringen sollen.

Untenrum frei von Margarete Stokowski

Die Autorin ist derzeit die bedeutendste feministische Ikone Deutschlands. Ihre *Spiegel Online*-Kolumne lesen wöchentlich Millionen Menschen, und ihr Debüt *Untenrum frei* (2016) steht bereits in der 14. Auflage in den Buchläden. Es ist das Buch, welches ich als Sechzehnjährige so dringend gebraucht hätte, denn hier geht es um Schminke, Sex, Selbstzweifel – all die Dinge, die jungen Frauen irgendwann begegnen und ziemlich ambivalent sind. Margarete Stokowski erzählt etwa, dass sie als Vierjährige einmal einen Fahrradunfall hatte und nicht wusste, wie sie ihren Eltern sagen sollte, dass es ihr »zwischen den Beinen« wehtut. Sie hatte kein Wort dafür (während sie genau wusste, dass es bei den Jungen Penis heißt). Und sie schreibt auch, dass sie Sex zunächst ganz seltsam fand, weil sie aus Heften wie *Bravo Girl* zwar wusste, wie sie den Jungen zu befriedigen hatte, aber keine eigenen Wünsche formulieren konnte. Stokowski fordert nun keine potente Frau wie Flaßpöhler, sondern versucht herauszufinden, wie sich solche Ideen überhaupt erst in unseren Köpfen festsetzen.

All diese »weiblichen« Verhaltensweisen (der diffuse Zwang, es allen recht zu machen, das Pflichtgefühl, immer hübsch auszusehen etc.) sind für die Autorin nämlich allesamt Manifestationen von Macht. Im Patriarchat, meint sie, funktioniere Herrschaft eben nicht nur über äußere Zwänge wie Gewalt, sondern auch durch Regeln, die wir unbewusst verinnerlicht haben und gar nicht mehr als solche wahrnehmen. Stokowski sieht es so wie Adorno, der meinte, es gebe kein »richtiges Leben im falschen«. Daher fordert sie Frauen nicht »nur« auf, mutiger zu sein, sondern kritisiert auch die Rahmenbedingungen, welche die Frauen überhaupt erst einschränken. Ihr Ziel ist eine befreite Welt, in der es keine Gewalt gegen Marginalisierte mehr gibt, aber auch keine Denkmuster, die uns eintrichtern, wie wir Sex haben, denken, reden oder aussehen sollen.

Das wichtigste Zitat aus dem Werk: »Feminismus ist keine Bewegung, die alte Zwänge durch neue Zwänge ersetzen will. Es ist ein Kampf gegen Zwänge und für mehr freie, eigene Entscheidungen.«

Frauen und Macht von Mary Beard

Eine weitere Autorin, die uns erklärt, warum es für Frauen so schwierig ist, sich innerhalb dieses »falschen« Systems zu emanzipieren, ist Mary Beard. Die Althistorikerin (die es irgendwie schafft, ein Millionenpublikum für die Antike zu begeistern) erklärt in ihrem Buch *Frauen und Macht* (2017) nämlich, dass der Ausschluss der Frauen von der Macht kein Phänomen der Gegenwart sei, sondern bereits eine mehr als zweitausend Jahre lange Geschichte habe. Einerseits war es den Frauen schon im alten Rom verboten, öffentlich aufzutreten, da diese Fähigkeit eng mit Macht und Männlichkeit assoziiert wurde, und andererseits war das Motiv der stummen Frau weit verbreitet.

In den *Metamorphosen* des Ovid beispielsweise wird Io von Jupiter in eine Kuh verwandelt, die nur noch muhen kann; die Nymphe Echo wird damit bestraft, dass sie nur noch die Worte anderer wiederholen kann; und der Prinzessin Philomela wird gleich die Zunge herausgeschnitten. Beard sagt also: Weil die Frauen seit der Antike tatsächlich und symbolisch von der Macht separiert werden, ist es für sie heute noch schwer, sich die öffentliche Arena anzueignen. Beards Ansage ist daher: Wenn wir wirklich wollen, dass die Stimme der Frauen zählt, müssen wir unsere Vorstellung von Autorität grundlegend ändern. Frauen lassen sich schließlich nicht einfach in eine Struktur einbetten, die von Männern und für diese gemacht wurde.

Das wichtigste Zitat aus dem Werk: »Wenn Frauen nicht innerhalb der Machtstrukturen wahrgenommen werden, müsste dann nicht statt der Frauen die Macht neu definiert werden?«

Lean In von Sheryl Sandberg

Eine Frau, die wiederum keine Gedanken daran verschwendet, ob die Machtstrukturen so verkehrt sind, dass sich Frauen da nicht einpassen lassen, ist Sheryl Sandberg, Chief Operating Officer von Facebook. Ihr geht es im Gegenteil darum, wie sich Frauen unter den gegebenen Bedingungen ihre Hälfte der Macht erkämpfen können. Ihr Ratgeber *Lean In* (2013) hat sich bisher mehr als vier Millionen Mal verkauft, die *New York Times* nannte ihn einen »Meilenstein«, und so wie es aussieht, hat er das Selbstverständnis von Frauen in der Arbeitswelt für immer verändert. Sandberg sieht andere Frauen nämlich nicht als Konkurrent*innen, sondern als Mitstreiter*innen in der gleichen Sache.

Ihre drei wichtigsten Tipps sind: Beißt euch durch, macht euch sichtbar, nehmt Raum ein, wann immer das im Berufsalltag möglich ist. Sorgt dafür, dass eure Partner genauso viel Hausarbeit übernehmen wie ihr. Und: Schränkt euch wegen eines möglichen Kindes nicht zu früh ein. Macht erst Abstriche, wenn das Baby da ist – nur so könnt ihr so erfolgreich sein wie ich. Sandberg ist, wie Flaßpöhler, also der Ansicht, dass die Frauen die Sache selbst in die Hand nehmen müssen und sich reinknien sollen, um ihr Leben zu verändern. Zudem ist sie überzeugt, dass sich Frauen in Führungspositionen auch für die Anliegen weniger gut gestellter Frauen einsetzen werden, sodass Empowerment und Gleichstellung von oben nach unten »durchsickern«.

Ihr Motto ist: Wir müssen uns emanzipieren, um die Mechanismen der Macht auseinanderzunehmen. Und nicht: Wir müssen die Mechanismen der Macht auseinandernehmen, um uns zu emanzipieren. Ich denke: Vielleicht müssen wir einfach beides tun.

Das zentrale Zitat aus dem Werk: »Wir haben unser Ziel erreicht, wenn Männer die Hälfte der Hausarbeit übernehmen und Frauen die Hälfte der Unternehmen leiten.«

Nach dem siebten Buch verstehe ich auch immer besser, warum es Leute gibt, die finden, der Feminismus sei inzwischen zu komplex. Nur schon die Vielfalt der Themen, denen ich hier begegne, ist überfordernd (Ovid, Haarentfernung, Sex, Kapitalismus, Sprache, Board-Meetings). Aber gleichzeitig, so denke ich, kann man diese Widersprüchlichkeit dem Feminismus auch nicht vorwerfen, da es ja genau der Clou, der Witz des Feminismus ist, dass er bunt ist. Die einen wollen mehr Frauen als CEOs, andere das bedingungslose Grundeinkommen – und das ist vollkommen richtig so. Der Feminismus war immer eine Gruppe von Menschen, die darüber diskutieren, was für eine Welt sie wollen. Das ist zwar unpraktisch, wenn es um eine geeinte Front geht, aber so ist es wahrscheinlich mit allen demokratischen Prozessen: Es ist kompliziert, aber es lohnt sich!

Warum ich mich nicht länger mit Weißen über Hautfarbe unterhalte von Reni Eddo-Lodge

Und um es noch komplizierter zu machen, kommen wir zu Reni Eddo-Lodge. Die Autorin hat ein Buch geschrieben mit dem Titel *Warum ich nicht länger mit*

Weißen über Hautfarbe spreche (2017) und dafür einen Haufen Preise bekommen. Ihre Leistung war es nämlich, die aktuelle Feminismusdebatte mit einem wichtigen Hinweis zu bereichern. Sie schreibt: Vergesst nicht, dass Sexismus auch eine rassistische Komponente haben kann.

Das Wichtigste, das man in diesem Buch lernt, ist das Wort »Intersektionalität«, welches die »doppelte« Diskriminierung von Women of Colour beschreibt, die eben nicht nur aufgrund ihres Geschlechts, sondern auch aufgrund ihrer Hautfarbe Nachteile erleben. Eddo-Lodge erklärt, dass wir deshalb einen Feminismus brauchen, der die Komplexität der Diskriminierung anerkennt. Dazu kommt: In unserer Welt werden ja nicht nur Frauen diskriminiert, sondern auch Menschen mit Behinderung, Menschen mit wenig Geld oder LGBTQIA+-People – und da hinter all diesen Benachteiligungen die gleichen Mechanismen stecken, muss der Feminismus eine Gesellschaft fordern, in der jeglicher Hass verschwindet. Eddo-Lodge regt daher besonders weiße Feminist*innen an, über ihre Privilegien nachzudenken. Nicht, damit sie sich nachher für ihre Hautfarbe schämen, aber damit der Feminismus besser darin wird, dieses Wirrwarr von Unrecht zu sehen und zu beseitigen.

Das zentrale Zitat aus dem Werk: »Im besten Fall ist Feminismus eine Bewegung, die alle ökonomisch, sozial und kulturell marginalisierten Menschen befreien will.«

Interessant an diesem Buch ist, dass es einen Punkt ganz explizit macht, den ich in meinem Lektüretagebuch immer wieder notiert hatte: dass der Feminismus kein Nullsummenspiel ist, bei dem immer nur ein Geschlecht gewinnt und das andere verliert. Die Menschen sind entweder zusammen frei oder gar nicht. Es geht also nicht um ein Matriarchat oder die Umkehrung der Macht, sondern um das Ende jeder Unterdrückung. Das scheint mir unglaublich wichtig.

***King Kong Theorie* von Virginie Despentes**

Das größte feministische Ereignis der letzten Jahre war die #MeToo-Bewegung, die eine riesige Diskussion über sexuelle Gewalt gegen Frauen ausgelöst hat. Eine Autorin, die schon viel früher über dieses Thema schrieb, ist Virginie Despentes, die vielen durch ihre Romantrilogie *Vernon Subutex* ein Begriff sein dürfte.

Bereits 2006 erschien *King Kong Theorie* in Frankreich, 2018 wurde das Buch ins Deutsche übersetzt. Darin schreibt die Schriftstellerin über das »Unsagbare«: über die Vergewaltigung, die sie mit siebzehn erlebte, und über die zwei Jahre, in denen sie sich als junge Frau prostituierte. Sie empört sich darüber, dass heute immer noch so getan wird, als handle es sich bei Vergewaltigungen um tragische Einzelfälle, obwohl sexuelle Gewalt gegen Frauen System hat. Dies, so Despentes, habe einerseits mit tatsächlichen Machtunterschieden zwischen den Geschlechtern zu tun, aber auch mit unserer Scheinheiligkeit in Bezug auf Sex. Wir leben nämlich in einer Gesellschaft, die kein Problem damit hat, die Städte mit Bildern halb nackter neunzehnjähriger Models zuzukleistern, aber gleichzeitig halten wir echte Sexarbeit unsichtbar und schweigen den massiven

Pornokonsum tot. Despentes will daher, dass wir eine Diskussion über diese unangenehmen Fakten starten, die Job-Bedingungen von Sexarbeiter*innen verbessern und Frauen, die vergewaltigt werden, ernst nehmen und nicht als »tragische Opfer« abstempeln.

Das zentrale Zitat: »Gelegenheitsprostitution ist nicht außergewöhnlich. An meinem Fall ist nur außergewöhnlich, dass ich darüber spreche.«

Bad Feminist von Roxane Gay

Fast am Ende meines Lektüremarathons mache ich mir auch viele Gedanken zur praktischen Umsetzung des Feminismus und bin froh über den Essayband *Bad Feminist* (2014). Dieses Buch beschreibt zwar als einziges keine gesellschaftliche Vision, aber dafür geht es um die wichtige Frage, wie man es schafft, als »normale Frau« eine Feministin zu sein. Es beginnt sehr charmant damit, dass die Autorin Roxane Gay beschreibt, wie sie während eines Sommers einfach nicht aufhören kann, zu Robin Thickes *Blurred Lines* zu tanzen – ein Lied, in dem es darum geht, Frauen wie Tiere zu »zähmen«.

Sie fragt sich: Kann ich mich überhaupt als Feministin bezeichnen, wenn ich meine Ideale sogar bei so banalen Dingen wie Lieblingsliedern verrate? Und nach langem Überlegen meint sie: Ja, denn die Forderung, in jeder Lebenslage eine »perfekte Feministin« zu sein, sei vollkommen unrealistisch. Kein Mensch lebe ja *immer* nach seinen Idealen. Sie plädiert folglich für einen Feminismus, der von den Frauen nicht erwartet, humorlose, stets perfekt informierte, militante Gerechtigkeitskrieger*innen zu sein, sondern anerkennt, wie widersprüchlich das Leben ist. Gay schreibt: Wenn du dich gegen Misogynie einsetzt und einen Rapsong magst, in dem das Wort »bitch« vorkommt, ist das sicher okay. Und wenn du gegen ungleiche Löhne kämpfst, aber am Abend gerne zu Reality-TV entspannst, so what.

Probleme wie sexistische Popkultur löst man vermutlich eben nicht damit, dass man sie nicht mehr konsumiert, sondern indem man sie öffentlich anprangert.

Das zentrale Zitat: »Ich bin eine schlechte Feministin. Aber ich will lieber eine schlechte Feministin sein als gar keine Feministin.«

So, das wars. Alle Bücher sind gelesen.

Was bleibt also am Ende meines Lektüresommers? Es sind vor allem zwei Erkenntnisse. Einerseits mein Staunen über die Unaufgeregtheit und die lebensnahen Analysen der Bücher. Mir wurde in Erinnerung gerufen, dass es im Feminismus nicht darum geht, Männer (oder Weiße oder Reiche) schuldig zu sprechen oder sich selbst zu bemitleiden, sondern darum, gesellschaftliche Ungleichheit zu verstehen und eine freiere Welt für alle zu fordern. Und für die andere Sache muss ich etwas ausholen. Neben den Büchern habe ich diesen Sommer auch viel Zeitung gelesen, und da bin ich wiederum ständig auf Artikel gestoßen, in denen der Vorwurf kam, der Feminismus gehe zu weit. Die Themen waren etwa das Gendersternchen in der Sprache und die Gefahr für Männer, bei Flirtversuchen eines Übergriffs bezichtigt zu werden. Ich fragte mich: Geht das wirklich zu weit?

Und beim Lesen fand ich auf einmal die Antwort. Ja, natürlich geht der Feminismus zu weit. All die Forderungen, die in diesen Büchern stehen, gehen zu weit. Die Entstigmatisierung von Sexarbeit, die Abschaffung der Geschlechterrollen, das Umdenken der Art, wie wir sprechen – das alles sind utopische Forderungen. Noch. Das ist der Kern des Feminismus. Dass er, gemessen an den Standards seiner Zeit, zu weit geht. Ich meine: Vor hundert Jahren gingen die Suffragetten mit ihrer Forderung, dass Frauen das Wahlrecht zusteht, auch weit. Viel zu weit. Sie wurden dafür ins Gefängnis gesperrt.

Daher klar: Der Feminismus geht zu weit. Denn nur so gibt es Veränderung.

SEHNSÜCHTE

COMFORT FOOD

In den letzten Wochen habe ich über kaum ein Thema so viel geredet wie über das Butterbrot. Es passiert mir nämlich häufig, dass ich vergesse, wie großartig Butter und Brot zusammen schmecken, sodass ich immer, wenn ich nichts anderes zu Hause habe und ein Butterbrot essen »muss«, von Neuem verblüfft bin.

Die Kombination von Kohlenhydraten und Fetten ist so genial, dass sich offensichtlich schon einige Menschen Gedanken dazu gemacht haben. So stellte der Chef-Restaurantkritiker des *New Statesman*, Will Self, die These auf, dass alles westliche Essen nur eine Variation von Cheese on Toast sei. Daher sind Pizza, Fondue, Cheeseburger, Lasagne und Pasta mit Parmesan für ihn nur getarnte Käsebrote, weil eben nichts über die Kombination von Fett und Stärke gehe. Wenn das stimmt, ist das Butterbrot quasi die Urform, das Original dieser überlegenen Formel.

Aber es ist nicht nur alles schön. Wenn ich ein Butterbrot schmiere, habe ich immer Angst, dass die Butter zu hart sein könnte und ich das Brot zerstöre oder die Butter zu weich ist und alles pampig wird. Vor allem stört mich aber, dass man diese Art von sättigendem Essen heute »Comfort Food« nennt, sprich »Trostessen«. Das Konzept suggeriert, dass man sich Spaghetti und Butterbrote nur gönnen soll, wenn man friert, einen schlechten Tag hat oder verlassen wurde. Laut Definition muss »Comfort Food« die wohltuende Ausnahme bleiben zu all den Chili-Koriander-Suppen und Low-Carb-Salaten, mit denen man sich im Alltag »bestraft«. Das finde ich so repressiv und irrsinnig, dass es mich zuerst betrübt, ich aber dann umso lustvoller in mein Butterbrot beiße.

Ganz allgemein mag ich am Butterbrot, dass es irgendwie nicht in unsere Zeit passt. Es kostet wenig, sieht nicht geil aus auf Instagram, ist braun-weiß wie eine Kuh. In großen Mengen macht es dick, in kleinen aber glücklich. Zudem fasziniert mich, dass es wohl kein Essen gibt, das mehr sentimentalen Wert hat als das Butterbrot. Mich erinnert es zum Beispiel an faule Sonntage mit meiner Oma, meine Freund*innen sagen, es erinnere sie an Wanderferien, und die anderen zwanzig Leute, mit denen ich zuletzt über das Thema gesprochen habe, schwärmten alle sofort von Dingen wie Geborgenheit, gesalzener Butter und diesem einen Nussbrot.

Die größte Offenbarung war für mich aber, dass das Butterbrot offenbar Sehnsüchte weckt. So meinte ein Freund, es erinnere ihn daran, dass auch die simplen Dinge gut sind. Er sagte: »Wir haben eine Obsession mit kompliziertem Essen und komplizierten Leben, dabei braucht man gar keine Donuts mit Cookie-Monster-Face, um glücklich zu sein.« Kurioserweise konnten aber alle nicht mit Sicherheit sagen, ob sie als Kinder tatsächlich Butterbrote gegessen haben oder sich das bloß einbilden, weil sie sich nach einer Welt zurücksehnen, in der alles wohliger und weniger anstrengend war.

So gesehen ist das Butterbrot also tatsächlich ein Trostessen.

GEDULD

Während des Lockdowns telefonierte ich viel mit meiner Großmutter, vor allem in der ersten Zeit, als es wirklich unheimlich war. Während eines Gesprächs fragte ich sie, wie man Geduld lernt, da sie etwa die gelassenste Person ist, die ich kenne, und ihre Antwort haute mich um. Sie meinte nämlich, sie habe das Geduldigsein während des Kriegs gelernt. Sie ist im Thurgau, nahe an der deutschen Grenze aufgewachsen, und als der Krieg ausbrach, war sie zwei.

Sie erzählte: »In der Nacht hörten wir immer die Flieger, mal die deutschen, mal die amerikanischen Bomber. Und, wenn der Alarm heulte, mussten wir in den Keller. Da unten habe ich mich gefürchtet, aber es gab keine andere Wahl, als auszuharren, oder eben: geduldig zu sein.« Am Telefon schluckte ich nur und hörte zu. »In dieser Zeit mussten wir Kinder auch im Garten mithelfen. Neben dem Hausgarten hatten wir den *Pflanzblätz*, wo ich mein eigenes Beet hatte. Ich baute Bohnen, Spinat und Karotten an. Da habe ich gelernt, dass du im Garten nicht einfach sagen kannst: Spinat, wachs jetzt, ich will dich morgen essen! Bei

Pflanzen musst du säen, pflegen und warten, manchmal monatelang.« Mann, Mann, Mann. Wenn ich mit meiner Großmutter rede, merke ich schon, was für eine verwöhnte Beere ich bin. Als ich sie fragte, was Geduld denn für sie bedeute, meinte sie: »Für mich ist die Geduld eine Grundhaltung gegenüber dem Leben, die besagt, dass man Respekt vor der Schöpfung hat.« Daher gehe sie auch so sorgfältig mit ihren Ressourcen um: »Wenn ich Beeren im Garten habe, mache ich Konfitüre daraus. Wenn die Tomaten reif sind, werden sie zu Sugo eingekocht. Mein Keller ist voll mit Einmachgläsern, weil ich alles wertschätze, das wächst.«

Diese Haltung, so sagte sie, habe sie vermutlich auch während des Kriegs gelernt: »Wir haben damals nichts weggeschmissen und alles wiederverwendet. Aus Flachs stellte meine Mutter Leinengarn her und die Kleider hat man zehn Mal geflickt, bevor sie zu Putzlappen wurden. Das brauchte Zeit, war aber sinnvoll.« Als ich wissen wollte, wie man denn heute Geduld lernen könnte, sagte sie: »Du musst es dir ganz fest vornehmen, dann klappt es irgendwann. Du musst dir Raum geben, um Dinge zu üben. Es tut mir zum Beispiel immer leid, wenn du dich ärgerst, wenn ein Artikel nicht gleich perfekt ist. Man muss doch mit allem zwei, drei Mal probieren, bis es klappt.« Ich wandte ein, dass auf dem Smartphone aber immer alles subito klappt. Sie dachte kurz nach und sagte: »Vielleicht. Aber Geduld lernst du nur, wenn du irgendwo anstößt. Ich hatte zum Beispiel kürzlich das Problem, dass mir die Blumentöpfe im Garten zu schwer wurden. Also habe ich ein *Wägeli* gekauft, aber ich war immer noch zu schwach, um die Töpfe daraufzuhieven. Also habe ich herumprobiert und kam auf die Idee, dass ich ja ein Brett anstellen könnte, um die Töpfe Stück für Stück auf den Wagen zu schieben. So ein Prozess ist wahre Geduld.«

Zum Schluss riet sie mir noch: »Verbringe deine Zeit sinnvoll. Ich mache in der Quarantäne zum Beispiel nur Dinge, die mir Freude machen. Ich stricke eine Jacke mit Würfelmuster, koche Spaghetti, lese ein Buch über die Psychiatrie Münsterlingen und gehe in den Garten. Gestern habe ich etwa den Pfirsichbaum behandelt, der an der Kräuselkrankheit leidet.«

DONUT-ÖKONOMIE

Eigentlich mag ich keine Donuts, sie sind mir zu fettig, zu süß, zu rosa. Doch seit Kurzem hat das Gebäck für mich noch eine ganz andere Konnotation.

Ich habe nämlich erfahren, dass die britische Ökonomin Kate Raworth eine mögliche Alternative zu unserem ausbeuterischen Wirtschaftssystem »Donut-Ökonomie« nennt. Die Idee ist simpel. Statt darauf zu beharren, dass mehr = besser ist, sagt Raworth: Wenn wir als Spezies überleben wollen, brauchen wir eine »Wirtschaft, die unser Wohlergehen fördert, unabhängig davon, ob sie wächst oder nicht«. Und ein Weg dahin wäre, sich eine ideale Wirtschaft eben nicht als BIP vorzustellen, das immer größer wird, sondern als Donut.

Das klingt vielleicht etwas unkonventionell, aber um ihre Vision zu erklären, benutzt die Ökonomin das Bild von zwei Ringen (die so angeordnet sind, dass sie aussehen wie ein Donut von oben). Der innere Ring steht für das Minimum an Grundrechten, das nicht unterschritten werden darf: Zugang zu Nahrung, Teilhabe an politischen Entscheidungen, sozialer Friede.

Und der äußere Ring steht für die Grenzen der Natur, die nicht überschritten werden dürfen, da es sonst zu Biodiversitätsverlust und Bodenerosion kommt. Ideal wäre nun ein Zustand im »Teigbereich«, also dort, wo das Wohlergehen der Menschen gesichert ist, aber im Rahmen der Ressourcen.

Man könnte also sagen: Raworth entwirft hier eine neue Erzählung darüber, was »gutes Wirtschaften« ist. Nicht ein Handeln, das nach ewigem Profit strebt (und dabei Menschenrechte verletzt und die Natur zerstört), sondern ein Handeln, das eine lebenserhaltende Balance erzielt. Wie kaum anders zu erwarten, wurde die Donut-Ökonomie als utopisch belächelt, als Raworth ihr gleichnamiges Buch 2017 im englischen Original herausbrachte. Doch nun tut sich was: Eben hat nämlich Amsterdam, als erste Stadt der Welt, das Modell zur offiziellen Guideline für politische Entscheide gekürt.

Die Bürgermeisterin Marieke van Doorninck erklärte gegenüber dem *Guardian*, dass das Konzept dabei helfe, eine neue Sicht auf Probleme zu gewinnen, statt immer in denselben Strukturen zu denken. So hat Amsterdam zum Beispiel ein riesiges Problem mit explodierenden Mietpreisen. Eigentlich wollte die Stadt neue Häuser bauen, um der Not zu begegnen, sprich: auch dieses Problem mit mehr Wachstum lösen. Doch nun wird geprüft, ob man nicht stattdessen etwas gegen den exzessiven Handel mit Immobilien tun kann, der die Preise ursprünglich in die Höhe trieb.

Um ehrlich zu sein, weiß ich noch nicht, ob die Donut-Ökonomie die Zukunftsvision ist, die mich am meisten überzeugt, aber ich bin erleichtert, dass es überhaupt eine aktuelle Postwachstumsdebatte gibt. Der Pulitzer-Preisträger Ben Lerner sagte nämlich mal: »Solange wir kein Vokabular haben für einen Wert, der nicht auf Wachstum beruht, bleibt das Desaster.« Und das wäre desaströs.

UND ICH LIEBE SIE DOCH

Jeden Frühling kriege ich die Krise. Dann kriechen all die jungen, kunstvoll tätowierten Menschen aus ihren WGs heraus und inszenieren ihr Lebensglück rücksichtslos im öffentlichen Raum. Sie formieren sich zu Grüppchen und belagern den Idaplatz, den Flusssteg beim Dynamo und die Seepromenade. Sie werfen beim Lachen die Haare in den Nacken und lassen ihre absurd weißen Zähne blitzen. Wenn ich im Frühling durch Zürich spaziere, habe ich das Gefühl, ich sei per Zufall in einer Coca-Cola-Kampagne gelandet. Alle haben Spaß und sehen aus wie Models. Nur ich bin psychisch lädiert und habe einen Pickel.

Am Letten, einem stillgelegten Bahnhofsareal am Fluss, spielen die Leute schon im April Beachvolleyball und sind total braun gebrannt. Im April? Wie machen die das? Ich weiß es nicht. Der neuste Gag ist, dass sich die Leute bei schönem Wetter in aufblasbaren Gummibooten die Limmat hinuntertreiben lassen, vom Hauptbahnhof bis zur Werdinsel oder noch weiter, wenn man will. Und da haben die jeweils alles mit an Bord: Minigrills, Kühltaschen für das Bier, ganze Musikanlagen.

Hier in Zürich achtet man auf gute Infrastruktur, generell wie im Privaten. Die Zürcher*innen sind immer perfekt ausgerüstet.

Wenn es regnet, haben wir die besten Gore-Tex-Jacken, im Sommer die teuerste Vichy-Sonnencreme. Wir sind es gewohnt, dass alles funktioniert. Es gibt hier so wenig Probleme, dass der Gemeinderat zum Beispiel stundenlang (und hochemotional) über Parkplätze streitet, die irgendwo hingebaut werden sollen. Und damit meine ich nicht: Parkplatzanlagen. Damit meine ich: einzelne Parkfelder! Zürich hat nämlich alles, außer Platz. Wenn der Bus drei Minuten zu spät ist, entschuldigt sich die VBZ via Lautsprecher bei den Wartenden. Und es gibt tatsächlich eine App, mit der man der Stadt melden kann, wenn etwas nicht gut ist. Wenn zum Beispiel ein Abfalleimer schräg in der Halterung hängt. Ja, das ist Zürich.

Einmal habe ich eine Weile in Bern gewohnt, weil ich es in Zürich nicht mehr ausgehalten habe. Das Erste, was mir auffiel, war, dass die Frauen im Schnitt drei Kilogramm schwerer sind. In Zürich haben alle einen Thigh Gap, und darum will ich auch einen. Die Frauen hier machen mich eh fertig. Schon im Gymnasium hatten die Mädchen Haare wie von L'Oréal und ich weiß noch, wie ich mich auf den Schulausflug zum See gefreut habe, um zu sehen, wie deren Frisur ungestylt aussieht – nur um dann festzustellen, dass diese Haare tatsächlich so aussehen, und ich mir dachte: Zürich ist wohl die einzige Stadt, in der man den Leuten auch nackt ansieht, wie reich sie sind, da die Überlegenheit genetisch bedingt ist.

In Zürich machen auch alle was Interessantes. Studieren Architektur, betreiben einen Pop-up-Laden oder arbeiten in der Gastro. Es gibt keinen Platz für das Hässliche, das Skurrile. Small Talk ist darum ganz übel. Nie sagt jemand: Puh, geht mir grad nicht so gut. Ohne Xanax wär's wohl noch ärger. Immer nur: Geht mir super, war gestern mit dem und dem unterwegs. Und wenn mal was Schlechtes gesagt wird, dann als gesellschaftstauglicher Witz getarnt: »Gestern hab ich den Tag unproduktiv bei Netflix verchillt. Haha, ich faule Sau!« Hier in Zürich gibt sich nie jemand eine Blöße. Hier verdrücken sich alle durch das Hintertürchen der Ironie. Es gibt keine Liebesgeständnisse, kein Pathos. Es ist die Stadt der Anti-Exzentrik.

In Zürich genügst du nie. Schon Gymnasiast*innen tragen Moncler-Jacken und 21-jährige Galerist*innen Balenciaga-Sachen. Ich frage mich: Woher haben die Kids all das Geld? Zahlen das die Eltern? Oder sparen die so viel, weil sie immer auf der Gästeliste stehen? Ich blick da nicht durch. Aber so viel sagen kann ich: Die Stadt macht dich kirre. Du bist nämlich immer zu dick, zu wenig easy, zu asozial. Am Freitagabend zu Hause zu bleiben ist zum Beispiel keine Option. Alle sind wo. Gehen tanzen in der Zukunft, stehen vor dem Rothaus rum, trinken Bier im Helsinki. In Zürich betreiben alle Hochleistungs-Work-Life-Balance. Anstrengend.

Und die Stadt selbst? Da würde ich jeden einzelnen Quadratzentimeter Boden ablecken. *No problem.* Nach einer Freitagnacht fahren am Samstagmorgen schon Putzwägelchen durch die Langstraße (das ist so was wie die Reeperbahn). Eigentlich werden die Letzten, die den Club verlassen, mit dem Putzwägelchen weggefegt. Wenn ich die Augen schließe und an Zürich denke, rollen diese Wägelchen vorbei. Sie sind weiß und haben seitlich Bürsten, damit sie den Randstein auch von der Seite her fegen. Stinken tut es in Zürich außerdem nur nach der Street Parade, diesem nun kommerziellen Überbleibsel der Rave-Kultur. Sonst riecht es nach Kirschblüten, Babyfeuchttüchern und frisch gebackenem Brot.

Ich bin 1993 geboren. Damals gab es hier noch eine offene Drogenszene. Genauer gesagt: die größte offene Drogenszene Europas. Es starben jährlich Hunderte Leute an den Folgen des Konsums. Zum Teil verelendeten sie sogar auf den Bäumen hinter dem Hauptbahnhof. Ich bin ganz in der Nähe aufgewachsen, im Kreis 4, dem ehemaligen Rotlicht-Milieu. Heute ist es hier fast zur Erstarrung gentrifiziert. Es gibt zwar noch vereinzelte Sexarbeiter*innen, aber drei Meter weiter kannst du dir Tofu-Burger und Ginger-Lemongrass-Mojito kaufen (für 17 Franken). Als ich klein war, war das noch ganz anders. Auf dem Schulweg kam ich an einem Waffenladen vorbei, und wir fanden praktisch jeden Tag blutige Spritzen im Innenhof. Uns wurde eingetrichtert: Nicht anfassen! Sofort die Lehrerin holen!

Damals warb Zürich noch mit dem Slogan »Little Big City«, später wurde versucht, Touristen mit dem Spruch »Downtown Switzerland« anzulocken. Und diese PR-Phrasen sind bezeichnend für das Grundproblem der Stadt: Sie ist total humorlos, weil sie gerne größer wär, aber nicht größer ist. Unsympathisch.

Größenwahnsinnig. Aber eigentlich ist man sich seiner Bedeutungslosigkeit und seiner Spießigkeit bewusst, darum muss man überkompensieren mit so doofen Sachen, wie: Ah! Wir müssen jetzt auch ein Filmfestival haben oder ein Formel-E-Rennen. Wir haben ja das Cash, wir kaufen uns alles ein. Zürich kauft sich alles Großstädtische ein, ohne zu merken, dass es das wirklich Großstädtische, das Wirrwarr, das Schwierige mit dieser Politik, mit dieser »Aufwertung« verdrängt.

Dafür ist in Zürich alles easy. Und nice. Zürich ist, wenn einen Corine Mauch, die Stadtpräsidentin, auf dem Weg zur Uni mit ihrem E-Bike überholt. Zürich ist, wenn achtzehnjährige auf Kosten der Eltern eine Weltreise machen. Zürich ist, wenn all das Kokain kein Problem ist, solange das Bruttosozialprodukt wächst. Zürich ist, wenn man genervt ist, weil man im Bus nicht sitzen kann. In Zürich muss man sich nie fragen: Bin ich hier sicher? Komm ich noch nach Hause? In Zürich ist eh alles ums Eck und sonst fährt der Nachtbus.

Wenn man mich fragt, wie es so ist in Zürich, erzähle ich folgende Geschichte: Eine Bekannte von mir wollte mal an einem schönen Sommerabend im Park übernachten, sich die Sterne anschauen. Also ist sie losgezogen und hat sich auf die Bäckeranlage gelegt, mit Schlafsack und Thermoskanne. In der Nacht ist sie dann hochgeschreckt, weil sie von der SIP geweckt wurde. Das ist so was wie die Polizei, sie schaut nach dem Rechten und schlichtet, wenn sich Jugendliche streiten, die zu viel Malibu-Ananassaft getrunken haben. Jedenfalls gaben sie ihr einen Coupon für die

Notschlafstelle. In Zürich übernachtet niemand auf der Straße. Schon gar nicht freiwillig.

Apropos Reichtum. Gerne würde ich noch was zum Zürich der Banken berichten – doch darüber weiß ich nichts. Auch im Hotel Dolder Grand oder im Baur au Lac war ich noch nie. Manchmal fahre ich mit dem Fahrrad über den Paradeplatz und denke: Ja, aha, Banken. Großkotzige Gebäude. Und dann erinnere ich mich, dass ich in der Schule mal gelernt habe, dass das Wort »Putsch« hier entstanden ist: Im 19. Jahrhundert belagerten die Bauern diesen Platz – und stürzten die Regierung.

Heute scheint das absurd, denn Zürich ist fest in den Händen der Elite. Darum feiern wir auch jedes Jahr das sogenannte Sechseläuten. Es gibt hier nämlich »Zünfte«. Einst waren das die Allianzen der Bäcker, der Metzger et cetera. Heute sind das Geheimbünde von Männern, bei denen die Öffentlichkeit nicht so genau weiß, was sie tun. Aber man munkelt: Verwaltungsratsposten zuscheffeln und sich einmal im Jahr verkleiden und dann in fragwürdigen Kostümen durch die Stadt reiten und auf dem Sechseläutenplatz einen Papp-Schneemann auf einem Scheiterhaufen verbrennen. Und je schneller es geht, bis der Kopf explodiert, desto schöner wird der Sommer. Ohne Scheiß, das machen die. Das ist Zürich.

Hier ist es einem nie »zu viel«. Es ist immer gerade »richtig« – oder an der unteren Grenze davon. Und genau darum kann Zürich auch arschlangweilig sein. Alle sind so satt, sie arbeiten nur noch an ihrem Teint oder sitzen auf den Portemonnaies ihrer Eltern rum.

Manchmal habe ich das Gefühl, alle um mich herum machen immer nur: Apéro, Apéro, Apéro. Oder zur Abwechslung: Brunch. Auch das war nicht immer so. In den Achtzigerjahren, da hat es richtig geknallt – oder gchlöpft, wie wir sagen. Damals gab es in der Stadt nämlich nur ein einziges Lokal, das bis nach 24 Uhr offen bleiben durfte – und die Jungen rebellierten. Es gab einen Opernhauskrawall, und sogar Falco (R. I. P.) sang darüber:

Zürich Limmatquai,
Neunzehnhundert achtzig zwei
Alles ist in Ordnung, nichts am Platz
Ein Ende hat's mit dem Rabatz
Gewonnen hat die Steuer
Und am Seeufer kein Feuer, aha

Das Fazit aus fünfzehn Jahren
Die Kontrolle zu bewahren
Edle Werte zu genießen
Sieht man, wohin Gelder fließen
Schmeißt die Rockrabauken raus
Und renoviert das Opernhaus, aha

Nach den Achtziger-Unruhen wurden Räume für die Jungen geschaffen. Die Rote Fabrik zum Beispiel. Dann wurden die revoltierenden Jugendlichen älter und begannen, Posten in der Stadtverwaltung zu besetzen, und subventionierten alles Mögliche, was irgendwie nach Kultur roch. Das gefiel vielen Bürgerlichen und »richtigen« Linksalternativen nicht, aber die Folge davon war ohne Zweifel, dass die Club- und Theaterszene boomte seit den Neunzigern. Sprich: Die Generation der heute 40- bis 50-jährigen hat uns alles erkämpft, und wir legen uns nun gemütlich rein in dieses goldene Nest aus schönen Bars und Kellern, in denen Schlingensief anscheinend mal irgendwelche Skandaltheater aufführte.

Das Leben in Zürich fühlt sich so an, als wären wir in diese Folie mit den Luftbläschen eingewickelt, in der man sonst Porzellanvasen transportiert. Wir sind von den Gefahren der Welt sicher und landen weich, selbst wenn die Kiste umfällt. Darum hat das Leben in Zürich auch was Schizophrenes. Einerseits ist es dir unwohl, dass du in der manifesten Form des Wortes Lebensqualität wohnst. Schließlich weißt du, dass du mit deinen Privilegien Schlaueres anstellen solltest als Brunch und Apéro. Und andererseits ist es schwierig, die Stadt nicht zu genießen und sie als Kissen für dein Leben zu benutzen. Die jungen Leute gehen nämlich alle irgendwann weg, nach Buenos Aires oder Berlin, und kehren dann zurück, um ein bisschen Geld zu verdienen oder sich auszuruhen für das nächste Abenteuer in der echten Welt. Doch spätestens, wenn sie Kinder haben, bleiben sie alle.

Inzwischen ist wohl klar geworden, dass ich Zürich schwierig finde. Stellt sich also die Frage: Warum bleibe ich trotzdem? Warum pack ich nicht einfach meine Reeboks und sage Adios? Der Grund ist, dass mein Verhältnis zu Zürich etwa so ist wie jenes in diesem LCD-Soundsystem-Song mit dem schnulzigen Refrain: *New York, I love you, but you're bringing me down*. Denn trotz allem. Trotz des absurden Levels an Wohlstandsverwahrlosung. Trotz des Kommerzes. Trotz der L'Oréal-Girls in den Balenciaga-Outfits. Ich liebe diese Stadt. Ich liebe sie für die kleinen wie für die großen Dinge.

Ich liebe, dass das Leitungswasser besser schmeckt als Evian. Ich liebe die Quaibrücke und die Aussicht auf die Alpen. Zürich ist auch das warme Gefühl, wenn ich über die Hardbrücke laufe und zuschaue, wie sich die Züge in Richtung Hauptbahnhof einfädeln. Zürich ist, wenn ich mitten in der Nacht im 24-Stunden-Shop ein Snickers kaufe und mit Karamel zwischen den Zähnen durch das Partyvolk an der Langstraße spaziere. Zürich ist, wenn ich im besten Buchladen der Welt (beim Volkshaus!) nach Büchern meines Lieblingshistorikers Eric Hobsbawm stöbere. Zürich ist, seit zwanzig Jahren im Bauer dieses super-rahmige Birchermüesli zu kaufen. Zürich ist, wenn mich die Barfrau meiner Stammkneipe zu ihrem Geburtstag einlädt, es frittierten Käse gibt und *Despacito* läuft.

Am meisten, und jetzt wirds noch unglamouröser, liebe ich Zürich aber für die städtischen Institutionen. Meine Mutter war schließlich alleinerziehend, und wir waren auch mal auf Sozialhilfe angewiesen. Aber die Stadt unterstützt dich halt bei allem – wenn du den Schweizer Pass hast. Ich habe Stipendien gekriegt, konnte mittags in den Hort und bekam einen Teil der Krankenkasse bezahlt. Weil die Stadt links-grün regiert ist und solche Förderungen pusht, konnte ich einen sozialen Aufstieg hinlegen. Wenn ich daran denke, wo ich heute sonst wäre, wird mir ganz klamm. Deshalb:

Danke, du Disneyland-Stadt! Im Ernst: Zürich, ich verdank dir alles.

Vor etwa zwei Wochen, da stand ich am Sonntag in meiner Küche und aß Toast, kam mir plötzlich ganz klar der Gedanke: In dieser Stadt gibt es nichts mehr zu entdecken. Hm, dachte ich. Das stimmt wohl: Nach 25 Jahren habe ich alles gesehen. Bin jede Straße mal entlanggefahren. Vom Bahnhof Stettbach bis nach Urdorf, vom Tiefenbrunnen bis zur Stadtgrenze im Kreis 2. Dann schwang ich mich, ohne groß zu überlegen, aufs Rad und fuhr nach Wipkingen. Ich bog ab hinter dem Röschibachplatz, und da eröffnete sich mir ein Park, den ich noch nie gesehen hatte. Ich hatte einen Park gefunden, ausgerechnet an dem Tag, an dem ich dachte, ich hätte alles gesehen. Es war fast schon unheimlich, und ich flüsterte zu den Bäumen: Was willst du mir damit sagen, Zürich? Kommt da noch was?

RUMINATION

Eigentlich wollte ich eine Kolumne über das Grübeln schreiben, aber dann habe ich so lange an der Kolumne herumgegrübelt, bis sie furchtbar wurde.

Alles, was ich probierte, scheiterte. Der ganze Prozess fühlte sich an, als würde ich mit Flossen an den Füßen Fußball spielen. Es war schlimm, aber es war auch lustig, denn die Message der Kolumne wäre gewesen: Grübeln bringt nichts.

Der Text hätte damit begonnen, dass ich während des Lockdowns viel allein zu Hause saß und meine Schubladen neu sortierte. Ich hätte beschrieben, wie ich in dieser Stille immer mehr in meinen Gedanken abdriftete und wie bedrohlich sich meine Wohnung nach ein paar Wochen anfühlte. Ich hätte erzählt, dass ich mich in Fragen verlor wie: Wo führt das alles hin? Bin ich infiziert? War die Welt schon immer so? – bis mich dieses Sorgenkarussell kirre machte.

In der Psychologie nennt man dieses Verhalten »Rumination«, wie ich inzwischen weiß. Das ist englisch für »Wiederkäuen«. Typisch für dieses Wiederkäuen ist, dass man entweder vergangene Unglücke immer wieder hervorkramt und nach eigenen Fehlern sucht oder auf aktuellen Sorgen so lange herumkaut, bis man fast keine Luft mehr kriegt. Um herauszufinden, ob man bloß nachdenkt oder bereits grübelt, gibt es zwei Methoden. Erstens kann man sich fragen, ob die Themen, an denen man nagt, besonders vage oder groß sind (Lebe ich richtig?, Bin ich eine gute Mutter?). Wenn ja, ist die Gefahr des ziellosen Gedankenkreisens hoch. Und zweitens haben Psychologinnen und Psychologen aus Bochum einen Selbsttest entwickelt, der wie folgt funktioniert: Man beobachtet seine Gedanken zwei Minuten lang und fragt sich anschließend: Bin ich einer Antwort näher gekommen? Habe ich etwas verstanden, was mir vorher unklar war? Geht es mir besser? Wer alle Fragen verneint, grübelt wahrscheinlich.

Während des Lockdowns habe ich diesen Selbsttest bestimmt dreimal am Tag durchgespielt, und nie konnte ich eine Frage mit Ja beantworten. Das war ernüchternd, aber zugleich dämmerte mir, dass ich eigentlich nur dann grüble, wenn ich überfordert bin. Wenn jede Sicherheit fehlt, kralle ich mich offenbar an dem fest, was mir niemand nehmen kann: meine Sorgen. Das ist verständlich, aber auch doof, denn Grübeln führt längerfristig zu Stress, Schlaflosigkeit oder noch mehr Trübsal. Nicht mit Unsicherheit umgehen zu können ist also noch ärger als die Unsicherheit selbst.

Der Psychologe Tobias Teismann sagt, dass Menschen besonders heftig grübeln, wenn sie sich in einem Zustand »exzessiver Selbstbeobachtung« befinden, daher soll man malen, atmen, meditieren, die Gedanken als Gedanken annehmen, um da wieder rauszukommen.

Als ich gestern Abend also spazieren ging, um nicht länger an diesem Text zu grübeln, kam ich nach einigen Metern an einem Plakat vorbei, auf dem stand: *I think I think too much.* Ich deutete es als Zeichen.

NEWSTALGIA

Seit Wochen fühle ich mich etwas flau. Es ist nicht schlimm, aber ich vermisse meinen Alltag vor C.

Da war mein Leben klebriger, wärmer, verschwitzter. Ich konnte in Cafés Bücher lesen, auf dem Flohmarkt mit undesinfizierten Händen Croissants essen, auf Partys über Phœbe Waller-Bridge diskutieren. Mit Leuten, die ich eben erst kennengelernt hatte. Stundenlang

Seit C. fühlt sich das Leben manchmal an wie auf Stand-by. Alle warten, aber niemand weiß, worauf. Zudem bin ich etwas matt vom vielen »Vorsichtig-Sein« und »Mich-an-die-Umstände-Ermahnen«. Vermutlich geht es mir so wie der Journalistin Kaitlyn Tiffany, die kürzlich in der Zeitschrift *The Atlantic* beschrieb, wie sie beim Aufräumen ein zerknittertes Kino-Ticket fand und ganz sentimental wurde. Sie spürte eine innige Sehnsucht nach Dingen, die ihr gerade noch selbstverständlich schienen: mit Freund*innen Pizza essen, während der Stoßzeit Bahn fahren, sich auf einem Date heimlich Rotwein von den Zähnen reiben.

Tiffany taufte dieses Gefühl kurzerhand »Newstalgia«, weil sie fand, dass es kein Wort für genau diese

Empfindung gab. Newstalgia, so erklärt sie, sei eine neuartige Wehmut über scheinbar banale Alltagsdinge. Oder anders ausgedrückt: eine unmittelbarere, leichtere Form der Nostalgie. Das fand ich ziemlich genial, denn es stimmt doch, dass uns derzeit das Vokabular fehlt, um diese diffuse Schwere zu beschreiben, die um sich greift. Oder zumindest mir. Aber nun kann ich sagen: Es ist nicht dramatisch, es ist nur Neustalgie.

In der jetzigen Pandemie-Situation ist es übrigens gar nicht so schlecht, etwas nostalgisch – oder neustalgisch – zu sein. Das sagt zumindest die Psychologin Krystine Batcho, die seit Jahrzehnten erforscht, wie eine »sehnsuchtsvolle Hinwendung zur Vergangenheit« hilft, um mit Veränderungen umzugehen. Nostalgie, so Batcho, kreiert nämlich eine »runde Erzählung« in unseren Köpfen – darüber, wer wir sind. So kann ich mir zum Beispiel sagen: Früher war ich die Person, die gerne für zehn Leute kochte, heute bin ich diese Person immer noch, selbst wenn Dinnerpartys gerade nicht möglich sind. Das schafft Trost und Kontinuität. Und man führt sich vor Augen, was im Leben wirklich zählt.

Vielleicht geht das jetzt ein bisschen zu weit, aber interessant ist auch, dass die Nostalgie ursprünglich eine Schweizer Erfindung ist. Zum ersten Mal verwendete der Arzt Johannes Hofer das Wort in seiner Doktorarbeit *Dissertatio medica de nostalgia* im Jahr 1688, um ein krankmachendes Heimweh zu beschreiben, das Schweizer Söldner in der Fremde befiel. Der Begriff ist eine Mischung aus den griechischen Wörtern *nóstos* (Rückkehr) und *álgos* (Schmerz).

Man könnte also sagen: Das, was wir gerade empfinden, ist eine Art Heimweh nach einer anderen Zeit. Ich selbst werde mich wohl noch etwas in diesem Gefühl suhlen. Aber nur, um dann nach vorn zu blicken.

LARGER THAN LIFE

Es heißt, jede Generation habe eine Stadt, die ihr als Projektionsfläche für die eigenen Träume dient. Mal war das New York, mal Paris. Und für mich (wie für ungefähr 7987283 andere) ist diese Stadt Berlin. Ich bin sicher acht Mal im Jahr dort, wohne so halb bei mehreren Leuten und vermisse die breiten Straßen schon, wenn ich mit dem ICE Richtung Süden aus dem Hauptbahnhof rattere. Aber warum? Ich kann es nur versuchen, aus ganz persönlicher Sicht zu erklären.

Das Faszinierendste an Berlin ist für mich dieses Gefühl, im Epizentrum der Action zu sein. Einfach weil einem dort die verrücktesten Dinge passieren. Man geht auf eine Party und teilt sich fast ein Taxi mit der Sängerin Lena Meyer-Landrut nach Hause, weil sie auch in den Westen muss. Man geht auf eine Buchvernissage und lernt den Ex-Rowohlt-Verleger Florian Illies kennen oder den Schriftsteller Maxim Biller. Man geht mittagessen, und am Nebentisch sitzt Peaches. Die große Peaches!

Es ist nicht so, dass ich diese Faszination für berühmte Menschen oder Ruhm allgemein unkritisch abfeiere.

Ich frage mich im Gegenteil oft, warum Teenager immer noch davon träumen, ein »Star« zu werden, und weshalb Castingshows noch nicht ausgestorben sind. Im Grunde bin ich gegen jede Art von Personenkult. Aber wenn ich in Berlin bin, finde ich es trotzdem aufregend, dass diese Leute so casually da sind. Und dass sie an den gleichen Orten verkehren wie ich: jemand aus Zürich-Aussersihl.

Das Pathos dieser Stadt zieht mich in seinen Bann. Und das hat auch viel mit der Sprache zu tun. Ich stand zum Beispiel mal in einer Cocktailbar in Nord-Neukölln, es war der Geburtstag einer Freundin, und alle um mich herum redeten wie ARD-Nachrichtensprecher*innen oder Schauspieler*innen. Geschliffen, klar. Die Musik war laut, und immer wenn ich etwas sagen wollte, konnte ich nur holprige Sätze in die Runde quäken. Wenn ich lange kein Hochdeutsch gesprochen habe, klinge ich leider wie ein Küken mit Sprachfehler. Ich beherrsche kein »richtiges« Hochdeutsch und finde es schlimm, wenn ich mich nicht artikulieren kann.

Wenn ich einige Tage in Berlin war, passiert aber etwas Interessantes. Meine Vokale rutschen nach hinten, unten. Ich spreche tiefer, sage: Hallo statt Hoi, Geldbeutel statt Portemonnaie, Tüte statt Säckli. Ich kann auf einmal meinen ganzen Bauchraum benutzen, und die Wörter, so kommt es mir zumindest vor, beginnen wohlklingend zu brummen wie in einer Bratsche. Gehweg, Altglas, Buntspecht, Charlottenburg. Ich bekomme gar nicht genug von all diesen Wörtern, die ich zwar kenne, die aber plötzlich so ein Gewicht bekommen, wenn ich sie ausspreche.

Das Schweizerdeutsche nimmt dagegen nicht gern Raum ein. Nur schon, wie es aus dem Hals kommt, wie es über die Zunge rollt, wie die »CHs« den Kiefer erzittern lassen. Da ist nichts geschliffen, da werden Silben verschluckt, Vokale gedehnt, Sätze irgendwie zusammengezimmert. Im Grunde finde ich das ja schön, aber in Berlin ist mir peinlich, dass ich so schrullig rede. Damit will ich das Schweizerdeutsche nicht schlechtmachen. Ich liebe den Dialekt und Wörter wie »Schnügel« und »Büsi«, aber diese Trockenheit in der Sprache beeindruckt mich.

Es gibt ja tausend Thesen, die erklären, wie die Sprache das Denken beeinflusst. Und alle, wie etwa die Sapir-Whorf-Theorie, besagen, dass die Sprache definitiv einen Einfluss auf das Denken hat, aber die Wirkungsweise nie genau geklärt werden kann. Daran muss ich immer denken in Berlin. Die deutsche Sprache kommt mir nämlich so aufgeräumt und strukturiert vor, dass ich spätestens am dritten Tag zu spüren glaube, wie meine Gedanken rationaler und weniger zerstreut wirken als sonst, wenn ich meinen »Chrüsimüsi«-Dialekt spreche.

Ich liebe also, was die Sprache mit mir macht. Genau wie die Stadt komme ich mir auf einmal wichtiger vor. Ich traue mir mehr zu, und das lässt mich träumen. Mir scheint es zudem so, als habe in Berlin das »Ausprobieren« an sich schon einen Wert, während in Zürich etwas erst als cool gilt, wenn es Erfolg hat oder eine Autorität sagt, dass es cool ist. Niemals würde ich mich in Zürich trauen, eine große Idee, einen pathetischen Traum zu äußern. Zu groß wäre die Angst, als peinlich betitelt zu werden. In Berlin hingegen traue ich mich viel eher, mir auszumalen, wie das Leben, im »absolut besten Falle« aussehen könnte. Und solche Gedanken gehören für mich zum Jungsein dazu.

Und das meine ich auch im übertragenen Sinne. Wenn ich in Berlin bin und sehe, dass Cansel Kiziltepe hier im Bundestag sitzt, Igor Levit um die Ecke Tweets gegen den Antisemitismus schreibt und mal eben 270000 Menschen auf eine Klimademo kommen, befeuert das meinen Optimismus. Vielleicht hat es auch damit zu tun, dass hier nicht jeder Zentimeter reguliert ist, man Feste auf Parkhausdächern feiert und eine gewisse »Weite« da ist, aber die Stadt lässt mich wieder an Utopien glauben, die mir in der Schweiz unrealistisch hoch zehn vorkamen.

Aber es sind auch die wirklich oberflächlichen Dinge, die ich an Berlin mag. Etwa, wenn ich sehe, wie sich Leute gegenseitig in seltsamen Outfits übertrumpfen. Wenn ich ausgehe, kann ich mich gar nicht satt sehen: Satinjupes zu ausgelatschten Turnschuhen, Trainingshosen zu Miu-Miu-Pumps, BHs zu Ledermänteln. Klar weiß ich, dass dieser auf die Spitze getriebene Individualismus wieder ein Mainstream ist und ich extrem provinziell bin, dass ich so was toll finde. Aber ich kann nicht anders. Ich bin elektrisiert, wenn die Menschen so lebensfroh aussehen. Außerdem finde ich es befreiend, wenn nicht alle Frauen aussehen wie Bella Hadid. Wenn ich in Zürich einen Pickel habe, mache ich sofort diese SOS-Creme von Garnier drauf und hoffe, dass er so schnell wie möglich weggeht. In Berlin hingegen kümmert mich so was null.

Zum ersten Mal in Berlin war ich übrigens als Teenager, in der schlimmen Phase, in der man sich nur für sich selbst interessiert. Ich reiste mit meiner Mutter und meiner Großmutter. Am Brandenburger Tor blieb meine Oma fassungslos stehen und sagte immer wieder: »Man kann hier einfach durchgehen. Einfach so.« Sie war in den Achtzigerjahren zum letzten Mal in der Stadt gewesen. Und obwohl ich mich damals null für Geschichte interessierte, veränderte ihr Staunen meine Wahrnehmung. Ich merkte: Oh, da muss etwas Gravierendes passiert sein.

Nach dieser Reise begann ich zu lesen: über die Märzrevolution, Brecht, Stresemann, Eva Braun, die Luftpakete über dem Tempelhof, die Stasi, die Mauer. Ich fand die deutsche Geschichte unfassbar. Ich kam 1993 zur Welt, und bis heute denke ich manchmal, dass das nicht wirklich passiert sein kann. Die Schweizer Geschichte kam mir im Vergleich vor wie eine Miniatureisenbahn (obwohl das natürlich auch nicht stimmt). Kurz darauf verlangte ich von meiner Mutter, dass wir erneut nach Berlin reisen, um ins Jüdische Museum zu gehen. 2011 schrieb ich mich an der Uni für Geschichte ein.

Auch deshalb liebe ich Berlin. Weil ich die Vergangenheit spüren kann. Vielleicht bilde ich mir das nur ein, aber mir scheint, dass die Geschichte an jeder Ecke schichtweise übereinanderliegt, wie dicke Glasur auf einer Torte. Und dann erst die Namen der Orte: Alexanderplatz, Potsdamer Platz, Kurfürstendamm, Wedding, Tiergarten, Friedrichstraße. Alles wirkt bedeutend, ambivalent, relevant.

Ich denke, so bekommt die Stadt ihre Aura. In meinem Lieblingsbuch, *Panikherz*, gibt es eine Stelle, an der Benjamin von Stuckrad-Barre dieses Gefühl auf den Punkt bringt, einfach für Los Angeles. Er schreibt: »Jeder Straßenname ein Songtitel, jedes Haus filmbekannt, jeder Stadtteil und jede Ecke besungen, bedichtet, kulturell kartografiert bis zum Gehtnichtmehr – und dann die Riesenüberraschung: Das alles gibt es sogar wirklich. Man kann da langgehen.«

Wenn ich in Berlin bin, leiste ich mir jedes Mal ein paar Taxifahrten, weil ich so gerne Gebäude anschaue. Die sieht man in der U-Bahn eben schlecht. Und dann klebe ich jeweils mit dem Gesicht am Fenster und staune. Ich wundere mich über die Häuser mit den Schusslöchern, frage mich, was hier wohl passiert ist, wundere mich über die gewaltigen Kirchen in Nebenstraßen, die Dönerbuden an den Boulevards und die Siegessäulen in kargen Parks. Jeder Anblick stellt mich vor ein Rätsel.

Außerdem mag ich an Berlin, dass ich da offener bin als sonst. Ich bin weniger neurotisch als in Zürich, wo ich denke: Ich muss morgen früh raus, ich habe eh keine Zeit für noch mehr Menschen, die etwas von mir wollen. In Berlin hingegen kommt ein Freiheitsgefühl zustande, das mich sagen lässt: Klar komme ich noch mit in diese Bar, es ist ja erst drei Uhr morgens.

In Zürich bin ich nicht nur verschlossener, es kommt auch nicht vor, dass jemand einfach mal herkommt und ein bisschen quatscht. Das passiert mir in Berlin jedoch ständig. Vielleicht hat das damit zu tun, dass hier 3,7 Millionen Menschen leben und gefühlt alles immer in Bewegung ist. Und dann schreiben diese Leute am nächsten Tag: Lust auf Kaffee? Den einzigen Fehler, den ich aber jedes Mal mache, ist, dass ich nie genügend Kleider einpacke, weil ich vergesse, dass hier alle drinnen rauchen. Also stinke ich meist nach kaltem Rauch, wenn ich in Berlin bin. Aber sogar das ist meinem Glücksgefühl überhaupt nicht abträglich.

CHHHHT

Beim Lesen liebe ich den Exzess. Pro Woche lese ich mindestens ein Buch, und mein Buchhändler weiß seit zehn Jahren, wann mein Geburtstag ist.

Als Kind konnte ich stundenlang regungslos auf dem Bauch liegen und *Tintenherz* oder *Harry Potter* verschlingen. Heute brauche ich ein Kissen im Kreuz, damit ich längere Zeit in der gleichen Position verharren kann. Es gibt Dutzende Bonmots, die den Zauber des Lesens erfassen wollen. Etwa: »Lesen ist Denken mit fremdem Gehirn«, aber das greift mir irgendwie nicht tief genug.

Auf Twitter schrieb mal jemand, Lesen sei im Grunde nichts anderes, als tote Bäume anzustarren und dabei zu halluzinieren. Das fand ich schon mal gut, denn es grenzt ja an ein Wunder, dass ich den Satz lesen kann: »Ein Kamel trottet über die Straße« – und ich dann tatsächlich ein Kamel vor Augen habe. Das Kopfkino ist etwas vom Allerbesten am Lesen.

Gestern habe ich erfahren, dass Marcel Proust die Beziehung zu seinen Büchern offenbar als die aufrichtigste Form der Freundschaft bezeichnete, und das überzeugte mich komplett. Beim Lesen muss man sich schließlich nie verstellen. So las auch Proust nur, wenn er wirklich Lust dazu hatte, lachte nur, wenn er sich ehrlich amüsierte und selbst Molière stellte er zurück ins Regal, wenn dieser ihn anödete. Bücher haben eine Art der Verlässlichkeit, die einzigartig ist. Sie sind für einen da, trösten und wollen nichts im Gegenzug. Das Lesen ist intim, direkt und vertraut. Vielleicht ist es sogar die einzig real existierende Form »bedingungsloser Liebe«.

Ich selbst liebe Bücher jedenfalls so sehr, dass mich manchmal die Angst plagt, blind zu werden. Zwar sind Hörbücher auch toll, aber das Chhhht-Geräusch, das die Seiten beim Umblättern machen, das raue Gefühl unter den Fingern, der Duft des Papiers, das alles ist für mich unersetzlich. Ich liebe die Bücher aber nicht nur wegen der Haptik, sondern auch weil sie mich gelehrt haben, wie beschränkt meine Sicht auf die Welt ist. Durch das Lesen war ich mit Chimamanda Ngozi Adichie in Lagos, mit Klaus Mann im Berlin der Dreißigerjahre und mit Dave Eggers im Silicon Valley. Die Bücher in meinen Regalen erzählen tausend Geschichten, und keine ist »besser« als die andere. Sie haben mir beigebracht, demütiger zu sein und zuzuhören.

Zudem ist Lesen das Praktischste überhaupt. Es macht Freude, reduziert Stress und trainiert das Gedächtnis. Besonders mag ich übrigens Erzählungen, die vom Alltag handeln. Wenn ich zum Beispiel lese, wie poetisch man eine Küche beschreiben kann, kommt mir meine eigene Küche plötzlich auch ganz magisch vor. Solange ich lese, ergibt mein Leben irgendwie Sinn.

HERBST

Gestern bin ich in einem Gewitter nach Hause spaziert. Die Regentropfen klopften auf meinen Schirm, meine Schuhe weichten langsam durch, aber ich dachte: Endlich!

Der Herbst ist doch das Beste. Er riecht nach Zwetschgenkuchen. Er gibt einem das Gefühl von heißer Ovomaltine im Bauch. Er nimmt die Hektik weg. Daher verstehe ich nicht, warum es diese kollektive Sommerobsession gibt. Ich meine: Alle lieben den Sommer. Es gibt geradezu einen Zwang, dem Juni entgegenzufiebern, und wer es nicht tut, gilt als lustfeindlich.

Und sicher: Es ist großartig, jeden Tag baden zu gehen und sich von der Sonne bräunen zu lassen. Aber sonst ist der Sommer viel zu manisch. Alle sind ständig unterwegs, man traut sich kaum, auch mal zu Hause zu bleiben. Dazu kommt dieser Druck, jedes Jahr den besten Sommer deines Lebens zu haben. Es fühlt sich an wie ein monatelanger Befehl, immer glücklich und abenteuerlustig zu sein. Das stresst.

Im Herbst dagegen erwartet niemand etwas von dir. Und niemand erwartet etwas vom Herbst. Ich denke immer: Der Unterschied zwischen dem Sommer und dem Herbst ist wie der Unterschied zwischen einer Hochzeit und einer Küchenparty. Bei einer Hochzeit weißt du ein halbes Jahr im Voraus, wann du einen »unvergesslichen Abend« haben sollst. Also verkrampfen sich alle, und das Fest wird öde. Und bei einer Küchenparty sitzt du müde zu Hause, dann kommen noch spontan zwei Freund*innen vorbei und vier Stunden später tanzt du zu *What Is Love* von Haddaway auf dem Küchentisch. Keine Erwartungen zu haben ist so befreiend.

Ich liebe den Herbst. Ich liebe ihn für die bunten Blätter, für die Möglichkeit, ein Leben ohne Schweißausbrüche zu führen, die aufgefüllten Vitamin-D-Speicher im Hirn, die abklingenden Sonnenbrände. Ich liebe den Herbst für die Kleider. Die Cardigans, die roten Socken, die man wieder anziehen kann, die Schichten von Schals, in die man sich hüllen kann, ich liebe die Mützen und die Regenhüte. Ich liebe, dass der Körper wieder verhüllter und mysteriöser daherkommt. Im Sommer ist die Mode ja ganz schlimm. Alle schlurfen in Flip-Flops herum und tragen Hotpants.

Ich liebe den Herbst für regnerische Sonntage im Museum. Ich liebe die Zeit der Kürbissuppen und der frischen Äpfel. Ich liebe den Herbst, weil er mir ein Gefühl der Geborgenheit gibt. Ich habe den Eindruck, im Herbst ist die Welt weicher und weniger fordernd. Wäre der Herbst ein Mensch, wäre er ein guter Freund, der dich in den Arm nimmt, und nicht so ein Drill-Coach wie der Sommer. Es sagen zwar viele, der Herbst mache depressiv, aber in Wahrheit lässt er dich sein, wie du bist. Du brauchst keinen Bikini-Body oder Ausflugsplan fürs Wochenende. Das ist ihm egal. Er will nur wissen, was du für Bücher lesen magst, wenn es draußen wieder stürmt. Ich wünschte, ich könnte immer so unbekümmert sein wie im Herbst.

GENÜGE ICH DIR?

Einmal wurde mir in Athen das Herz gebrochen, und das kam so: Vor einigen Jahren war ich mit einem Mann zusammen, der die Gabe hatte, das Leben unglaublich aufregend scheinen zu lassen, aber mich leider auch für eine Zumutung hielt, weil ich ihn fünfmal am Tag anrief und ihn »zu sehr brauchte«, wie er es formulierte. Eines Sommers kauften wir uns einen tannengrünen Fiat Panda aus den Achtzigerjahren, ohne Klimaanlage, und fuhren damit von Zürich nach Griechenland, was sich nach einer tollen Idee anhört, aber in Wahrheit stritten wir uns nur, vom Brenner bis nach Tirana, unsere klatschnassen Rücken gegen die Polster gedrückt.

Jeden Tag erwachte ich mit dieser Angst, er könnte mich noch vor dem Frühstück verlassen, und bei allem, was ich tat, fürchtete ich, ich könnte ihn damit nerven – was schrecklich war. Aber es kam noch schrecklicher, denn als wir in Athen ankamen, verabredete er sich sogleich mit seiner Ex-Freundin, die damals in der Stadt arbeitete, auf ein Glas Wein. An und für sich wäre das keine große Sache gewesen, aber als ich dann auf diesem Platz bei der Kratinou-Straße wie verabredet auf ihn wartete und er einfach nicht auftauchte, war mein erster Gedanke, dass er sich vielleicht auf dem Rückweg verirrt hatte. Aber irgendwann kam eine SMS: »Hey, wir habens gerade so schön hier, wir essen noch was … ist okay, wenn wir uns später treffen?« Weil ich ihm natürlich nicht noch mehr Gründe geben wollte, mich für eine Zumutung zu halten, schrieb ich betont locker zurück, »sure«, schlenderte weiter, bog in unbekannte Gassen ab, stapfte Treppen hoch und kriegte zwei Stunden später einfach erneut eine SMS, in der es hieß, dass sie jetzt tanzen gingen und ich gerne mitkommen könne. Aber da ich mir wirklich Schöneres vorstellen konnte, als mit meinem Freund und seiner Ex, die mittlerweile wahrscheinlich betrunken waren, in einen Club zu gehen, antwortete ich: »No thanks, ich geh nach Hause … hab ja die Hotelschlüssel.« Ich redete mir ein, alles sei easy und ich wisse ja selbst, wie es ist, sich mit alten Bekannten in eine Wiedersehenseuphorie hineinzuquatschen. Und überhaupt, ich hab doch nichts gegen Ex-Freundinnen.

Aber so richtig überzeugen konnte ich mich nicht. Denn ich fühlte mich verletzt und dachte: Inzwischen findet er mich also so blöd, dass er lieber mit seiner Ex clubben geht, als dass er mit mir Zeit verbringt. Mit gesenktem Kopf spazierte ich durch das Studi-Viertel Exarchia, vorbei an ausgebrannten Autos, zurück zu unserem seltsam rosa eingerichteten Hotel. Auf keinen Fall wollte ich in der Öffentlichkeit heulen, aber sobald die Lifttüren zugingen, tropften die Tränen auf meine Füße. Oben im Zimmer berichtete ich meinen

Freund*innen, was passiert war. Im Gruppenchat schrieben alle sofort zurück: »Was für ein Arsch, magst du telefonieren?« Rotz hustend hörte ich ihnen zu, wie sie mir beteuerten, dass ich so was nicht verdient hätte. Und sowieso, sie hätten ihn ja nie gemocht. In diesem Moment tröstete es mich natürlich, das zu hören. Aber im Grunde wusste ich, dass sie nur loyal sein wollten und er – außerhalb unserer Dynamik – kein unsensibler Typ war. Es wurde Mitternacht, zwei Uhr, drei Uhr, aber: Ich hörte nichts von ihm.

Ich lag auf dem Hotelzimmerboden und starrte an die Decke. Ich hatte keine Angst, dass er mit seiner Ex knutscht oder so. Was mir aber nicht in den Kopf wollte, war, dass ich mich so mies fühlen konnte. Wegen eines Mannes. Ich hatte immer gewusst, dass ich ihn wohl etwas zu sehr bewunderte für seine Unabhängigkeit und seine Unnahbarkeit. Doch nun verstand ich: Je mehr ich das Gefühl hatte, ihn nicht »haben« zu können, desto abhängiger fühlte ich mich von ihm. Oder zumindest ist das meine Wahrheit, und bei Trennungen gibt es ja immer mindestens zwei.

Kurz nach vier piepte mein Handy. Auf dem Display flackerte der kurze Satz: »Bin hier.« Also fuhr ich mit dem Lift nach unten, schloss die Tür auf und sagte: »Yo, wir müssen reden.« Er sagte: »Nein, jetzt nicht.« Also redeten wir nicht.

Irgendwie schleppte ich mich durch die letzten Tage unserer Reise, bis die Fähre zurück nach Rimini fuhr. Wir waren in dieser komischen Stimmung am Ende einer Beziehung, wenn man weiß, dass alles den Bach runter ist, aber es trotzdem gute Momente gibt, die so intensiv sind, weil man weiß, dass bald alles vorbei sein wird. Am Hafen von Patras tranken wir Ouzo, blickten aufs Meer, ich fragte ihn nach seinen liebsten Momenten unserer Reise. Ich sagte so was wie: Diese eine Bucht in Kroatien, dieser surreale Abend, als wir Alec Baldwin beim Filmfestival in Sarajevo trafen. Er sagte, sein Highlight war, seine Ex zu treffen. Es fühlte sich an, als rammte er mir ein Messer ins Herz. Zwei Wochen später saßen wir in einer Zürcher Kneipe und trennten uns. Es war kein Streit, es war mehr so: That's it, oder? Ich weiß noch, dass wir anschließend einen Veggie-Burger aßen. Und dass ich in der Nacht kaum schlief und am Morgen im Büro fast vom Stuhl kippte, weil ich so müde war.

Das war meine erste Trennung »als Erwachsene«. Die Trennungen davor zählen irgendwie nicht, weil ich damals zwar auch immer das Gefühl hatte, vor Heartbreak zu sterben, aber zwei Wochen später über die Sache hinweg war. Nun fühlte ich mich zum ersten Mal wochenlang dünnhäutig und spürte den Liebeskummer richtig körperlich, bis in den linken Zeh. Die Essayistin Leslie Jamison hat mal geschrieben, dass wir beim Liebeskummer eben nicht nur über das trauern, was wir verloren haben, sondern auch über das, was hätte sein können. Wir denken an schöne vergangene Momente zurück und seufzen. Was uns aber wirklich zu schaffen macht, ist, dass uns eine potenzielle Wiederholung dieser Momente geraubt wurde. Und genauso fühlte es sich an. Ich konnte damals nicht glauben, dass sich unsere Pläne für die kommende Zukunft, das kommende Jahr pulverisiert hatten. Sehr wahr fand ich zudem die

Worte der kanadischen Dichterin Anne Carson, die das Gefühl des Liebeskummers einmal so beschrieben hat:

Perhaps the hardest thing about losing a lover is to watch the year repeat its days / it is as if I could dip my hand down into time and scoop up blue and green lozenges of April heat a year ago in another country.

Sprich: Wohl das Schwerste daran, einen Liebsten zu verlieren, ist, dem Jahr zuzusehen, wie es seine Tage wiederholt; es ist, als könnte ich meine Hände in die Zeit hineintauchen und blaue und grüne Lutschtabletten der Aprilhitze hervorholen, von vor einem Jahr, in einem anderen Land. Ich weiß nicht, was es ist mit diesen Zeilen, aber noch heute kommt es mir manchmal so vor, als könnte ich jeden schönen Abend, den wir jemals hatten, als Lutschtablette aus der Zeit holen. Und traurig darauf herumkauen.

Ich weiß, es klingt ungesund, aber der schlimme Teil der Trennung begann damals erst. Als der erste Schmerz nämlich verklungen war, trafen wir uns vier Monate später wieder in einer Bar und stürzten uns Hals über Kopf in eine Geschichte hinein, wie es nur Menschen können, die einander vermissen, obwohl sie wissen, dass sie nichts füreinander sind. Aus Irrsinn, vielleicht aus Liebe, buchten wir sofort Ferien auf einer Insel und flogen zwei Wochen später nach Palma, nahmen ein Schiff nach La Gomera, bestiegen einen Bus, der über die nebelverhangenen Berge ins hinterste Tal der Insel fuhr, wo deutsche Hippies an einem steinigen Strand Yoga praktizierten. Im Nachhinein denke ich, dass wir einen Ort suchten, an dem es kein Entrinnen gab. Es war, als würden wir die Geografie bitten, uns aneinanderzuketten, wenn wir es schon selbst nicht schafften. Aber vielleicht ist das auch nur eine Geschichte, die ich mir erzähle, um meinen Taten einen Sinn überzustülpen. Also in etwa das, was Joan Didion meinte, als sie schrieb: »We tell stories in order to live.«

Wir wohnten in einem senfgelben Haus direkt am Meer. Die Sonne war so groß, dass sie beinahe den ganzen Himmel bedeckte. Die Stimmung an der Küste war mystisch und rau. Meist lagen wir nur auf unserem Balkon und lasen. Auf unseren langen Spaziergängen redeten wir. Vor allem darüber, dass er das nächste Jahr in Wien verbringen würde. Es herrschte eine Luftfeuchtigkeit von gefühlten dreitausend Prozent, und wir knobelten an möglichen Formen für unsere Liebe herum: Fernbeziehung, offene Beziehung, Polyamorie. Aber immer lief es darauf hinaus, dass er sich eingeengt oder ich mich zu wenig geliebt fühlte.

Ich wurde immer verzweifelter. An einem Tag schloss ich mich sogar im Klo ein und rief meinen Freund Lucas an, der gerade auf der Geburtstagsparty seiner Mutter war. Wir redeten, und da fragte er mich plötzlich: »Aber Nina … kann es nicht sein, dass du einfach eine klassische Beziehung willst und du ihm das nicht sagst, aus Angst, ihn vor den Kopf zu stoßen?« Das so zu hören, war, als bekäme man die Wahrheit mitten ins Gesicht geboxt, aber es war gut, denn ich strich mir die Haare aus dem Gesicht, bedankte mich, lief in die Küche und verkündete meinem Ex das, was ich ihm schon lange hätte verkünden sollen. Nämlich: »Ich liebe dich, und ich will mit dir zusammen sein, und zwar nicht irgendwie, sondern verbindlich.« Keuchend stand ich da, er schaute von seinem Buch auf und sagte: nichts.

Einige Tage später flogen wir nach Hause, und er hatte immer noch nichts gesagt. In der S-Bahn zwischen Flughafen und Innenstadt räusperte er sich dann und meinte, ich solle doch morgen Abend auf seine Abschiedsparty kommen, anschließend bei ihm übernachten, und dann könnten wir am nächsten Morgen ein klärendes Gespräch führen. Ich wollte es nicht, aber ich dachte: OH, vielleicht liebt er mich doch!! Auf der Party tauchte er dann aber leider mit einer anderen Ex-Freundin auf, wir sprachen den ganzen Abend nicht, und um fünf Uhr morgens, als sich um die Lautsprecher herum eine Traube tanzender Menschen gebildet hatte, tippte ich ihm auf die Schulter und sagte: »Ich geh jetzt nach Hause.« Er drehte sich zu mir um, hatte Mühe, mich zu fokussieren, und lallte, es gebe eh nichts mehr zu besprechen. Die Sache sei gelaufen. Er sagte es in einem Ton, als würde er einem Kind ein drittes Stück Schokolade verbieten.

Am nächsten Morgen blieb ich so lange im Bett liegen, bis ich wusste, dass sein Zug nach Wien gefahren war. Dann schleppte ich mich auf die Bäckeranlage, den Park nahe meiner Wohnung, wo ich mich müde unter einen Baum legte und den ganzen Tag hindurch von Freund*innen besucht wurde, die sich ablösten wie Pflegeschichten im Spital. Die einen brachten kühle Wasserflaschen, andere in der Tasche zerdrückte Cookies. Immer wenn ich an diesen Tag zurückdenke, kommt mir ein Zitat der Autorin Samantha Irby in den

Sinn, die mal über einen Break-up schrieb: »I thought I might be dying for real. Reminded, that love feels like a fucking dumpster fire in the pit of your stomach.« Ja, die Liebe kann sich tatsächlich so anfühlen, als loderte ein Feuer in deiner Magengegend.

Am ersten Wochenende nach unserer Trennung pflückte ich mit meiner Großmutter in ihrem Garten die reifen Zitronen vom Baum. Und ich weiß noch, dass sich das wie das Wichtigste in der ganzen Welt anfühlte. Denn ich sah, dass – trotz dieser Endzeitstimmung in mir drin – Dinge wachsen. Vermutlich ist das ja genau das Verwirrendste an einer Trennung: dass alles auseinanderbricht und gleichzeitig etwas Neues beginnt, ob du willst oder nicht. In den ersten Wochen lebte ich damals in einem Paralleluniversum der Trauer, jeden Abend schaute ich mir so etwas Dummes an wie *Charlie's Angels* und heulte, als Demi Moore starb. Trotzdem war da auch so ein Platz, so eine Weite im Kopf, die ich noch nicht recht erklären konnte.

Die Anthropologin Helen Fisher sagt, dass im Gehirn nach einer Trennung in etwa das Gleiche passiert wie auf einem kalten Entzug. Während sich das Hirn vom Verliebtsein her an ein gutes Maß an Glückshormonen gewöhnt hat, wird das Organ wachgerüttelt, wenn wir uns trennen. Es versteht, dass irgendwas nicht stimmt, und schüttet zuerst besonders viel Dopamin aus, um uns zu signalisieren: Tu alles, um dieses Gefühl zu retten! Daher, so Fisher, wagten wir am Ende einer Beziehung alles, um unsere Liebsten zurückzugewinnen. Nach dieser Hormonschwemme geht es aber rapide abwärts mit der Stimmung, und die Kummerphase beginnt. Damals wusste ich das alles nicht, aber rückblickend ergibt das sehr viel Sinn.

Etwa ein halbes Jahr nach unserer Trennung las ich *Outline* von Rachel Cusk: die Geschichte einer Schriftstellerin, die nach dem Zerbrechen ihrer Ehe nach Athen (?!) fliegt, um einen Workshop zu geben, und da Leute trifft, die sie auf die eine oder andere Weise berühren. Besonders krass fand ich eine Passage, in der die Protagonistin einer Freundin erklärt, dass sie gar nicht sagen könne, welche Teile ihrer Persönlichkeit »sie selbst« seien und welche durch ihren Ex geformt wurden. »Vielleicht«, meint sie, »hat dieser Teil in mir drin, den ich für autonom gehalten habe, gar nie existiert.«

Diese Szene betrübte mich, weil ich mich fragte, ob ich denn selbst wisse, wer ich bin. Schließlich reflektierte ich jetzt, dass ich seit zehn Jahren, also seit ich fünfzehn war, immer die »Freundin« von jemandem gewesen war und nie innegehalten hatte, um mich zu fragen, ob ich diese Beziehungen überhaupt will. Es war eher so, dass ich einfach jeder Person nachrannte, die sich ein bisschen für mich interessierte. So auch bei meinem Ex. Wir hatten uns einmal auf einer Party geküsst, und dann tat ich alles, um ihm zu gefallen. Ich plante meine Tage um ihn herum, überlegte mir, ob ich wohl hübsch, belesen, dünn, intelligent, cool genug für ihn sei – und versuchte das zu werden, was ich für seine »perfekte Partnerin« hielt. Ein anderes »Dating-Drehbuch« kannte ich nicht.

Ich verbog mich, weil ich dachte, das sei meine einzige Chance auf Liebe. 2018 schrieb die Autorin Dolly

Alderton: »Als junge Frau dachte ich immer: Wenn ich endlich einen Freund habe, wird so gut wie nichts anderes mehr wichtig sein.« Und bereits 1930 notierte Simone de Beauvoir in ihr Tagebuch, sie finde, sie habe »ihr eigenes Leben vernachlässigt«, weil sie ihre ganze Aufmerksamkeit Jean-Paul Sartre schenkte. Es schmerzt mich, wie gut ich diese Sätze nachvollziehen kann. Denn auf die Idee, dass ich – als Frau – auch »so« genügen könnte oder vielleicht keine Beziehung brauche, um »erfüllt« zu sein, kam ich einfach nicht.

Heute denke ich: Es war absolut idiotisch, dass ich mein ganzes Selbstwertgefühl von der Zuneigung meines Ex abhängig machte. Nicht nur, weil sich das mies anfühlte. Sondern auch, weil das ja genau dazu führte, dass er sich in seiner »Lone Wolf«-Rolle versteifte, ich um seine Liebe fürchtete, ihn fünfmal am Tag anrief und er mich (verständlicherweise!) für eine Zumutung hielt. Das, wovon ich dachte, es bringe mir Liebe, brachte mich nur in einen Teufelskreis. Wäre ich von Anfang an »ich selbst« geblieben und hätte auf meinen Bedürfnissen beharrt, wären wir wohl entweder nie zusammengekommen. Oder heute noch ein Paar.

Man sagt ja bei Trennungen: Vergiss ihn! Vergiss sie! Verbrenn die Fotos, verbann die Erinnerungen. Aber das will ich nicht. Denn ich habe in diesem Prozess so viel gelernt. Ich habe gelernt, wie leicht sich das Leben anfühlt, seit ich niemandem mehr nachrenne. Ich habe gelernt, dass eine Beziehung auf Augenhöhe nur funktioniert, wenn ich auf meinen eigenen Beinen stehe. Und ich habe gelernt, dass die Welt nicht auseinanderbricht, wenn man nicht diese eine Person hat, die man anrufen kann. Das hat mir eine Dimension von Selbstwert gegeben, die ich nie für möglich gehalten hätte. Inzwischen denke ich manchmal auch, dass die Poetin Rupi Kaur recht hatte, als sie schrieb: »Wenn du verlassen wurdest, frag dich nicht, ob du genug warst – womöglich warst du einfach derart genug, dass er nicht in der Lage war, dich zu tragen.« (Oder natürlich auch »sie« oder »they«.)

Was mich jedoch weiterhin beschäftigt, ist, wie unstylish und achtlos die meisten Trennungen sind. Wir geben uns so viel Mühe, uns zu verlieben, aber so wenig Mühe, uns zu trennen. Und schreiben eine feige SMS. Oder lallen uns gemeine Worte ins Ohr, morgens um fünf auf einer Tanzfläche.

Daher liebe ich die Tatsache, dass die Performancekünstlerin Marina Abramović und ihr Partner Ulay, als sie sich nach zwölf Jahren getrennt hatten, beschlossen, einander auf der Chinesischen Mauer entgegenzugehen. Am 30. März 1988 begann sie am östlichen Ende der Mauer, am Bohai-Golf, und er am westlichen Ende, in der Wüste Gobi. Sie liefen je neunzig Tage lang, beide an die zweitausend Kilometer und nannten das Kunstwerk *Great Wall Walk*. Als sie sich in der Mitte trafen, umarmten sie sich und verabschiedeten sich voneinander. Das Schöne: Auf einer Retrospektive dreißig Jahre später in Stockholm liefen Szenen der Reise auf zwei Screens. Beide auf Loop, sie laufen einander also für immer entgegen.

DANK

Vielen Dank, Mikael Krogerus. Ohne dich gäbe es dieses Buch nicht. Danke für das Redigieren meiner *Das Magazin*-Texte. Danke für das Beistehen in all meinen kleinen und großen Schreibkrisen. *You are the editor of my dreams!*

Danke, Finn Canonica für das Vertrauen und den Wahnsinn, mir eine Kolumne zu geben. Was für ein Riesenprivileg, bei einem Heft mitzuwirken, das ich lese, seit ich dreizehn bin. Danke, Isolde Durchholz für deine unendliche Geduld und die Gespräche darüber, wann ein Konjunktiv angebracht ist.

Danke, Marie Arendt, Sara Schindler und Johanna von Rauch für das Lesen von ungefähr 398 Versionen dieses Buches. Ihr seid die Großartigsten. Danke, von tiefstem Herzen, auch an alle Mitarbeiter*innen bei Kein & Aber, die dieses Buch möglich gemacht haben.

Danke, Christoph Amend, Andreas Wellnitz, Sascha Chaimowicz und Christine Meffert für die offenen Arme beim *ZEITmagazin*. Noch nie habe ich mich so sehr wie eine »richtige Autorin« gefühlt, wie wenn ich bei euch in der Runde saß und jemand meinte, mein Text sei in Hamburg »auf der Schleife«.

Danke, Luzi Bernet, Corsin Zander und Jakob Tanner fürs »An-mich-Glauben«, als ich ungefähr neunzehn war und keinen Plan von irgendwas hatte.

Danke, Jan Steinbach, Nina Fritz, Laura Cassani, Salome Hohl und Andreas Fannin für die Liebe. Danke Yvonne und Moma für unser kleines Matriarchat.

LITERATUR

Alle Werke sind so angegeben, wie sie privat in meiner Bibliothek stehen – sprich, manchmal auf Deutsch, manchmal auf Englisch oder Französisch.

Adichie, Chimamanda Ngozi: *Americanah*, New York 2013.

Adichie, Chimamanda Ngozi: *Mehr Feminismus! Ein Manifest und vier Stories*, Frankfurt am Main 2016.

Alderton, Dolly: *Alles, was ich weiß über die Liebe*, Köln 2019.

Bakewell, Sarah: *Das Café der Existenzialisten. Freiheit, Sein & Aprikosencocktails*, München 2016.

Beard, Mary: *Frauen & Macht*, Frankfurt am Main 2018.

Baudrillard, Jean: *Die Konsumgesellschaft. Ihre Mythen, ihre Strukturen*, Wiesbaden 2014.

Berg, Sibylle, *GRM Brainfuck*, Köln 2019.

Camus, Albert: *L'étranger*, Gallimard 1942.

Carson, Anne: *Glass, Irony & God*, New York 1996.

Cusk, Rachel: *Outline*, London 2014.

Day, Elizabeth: *How to Fail. Everything I've Ever Learned from Things Going Wrong*, London 2019.

De Beauvoir, Simone: *Das andere Geschlecht. Sitte und Sexus der Frau*, Hamburg 1992.

De Botton, Alain: *Kunst des Reisens*, Frankfurt am Main 2002.

De Botton, Alain: *Wie Proust Ihr Leben verändern kann. Eine Anleitung*, Frankfurt am Main 2000.

Despentes, Virginie: *King Kong Theorie*, Köln 2018.

Dunham, Lena: *Not That Kind of Girl*, New York 2014.

Eagleton, Terry: *Why Marx Was Right*, New Haven 2011.

Eco, Umberto: *Nachschrift zum »Namen der Rose«*, München 1984.

Eddo-Lodge, Reni: *Warum ich nicht länger mit Weißen über Hautfarbe spreche*, Berlin 2019.

Eggers, Dave: *The Circle*, New York 2013.

Flaßpöhler, Svenja: *Die potente Frau. Für eine neue Weiblichkeit*, Berlin 2018.

Foucault, Michel: *Der Wille zum Wissen. Sexualität und Wahrheit*, Frankfurt am Main, 1977.

Gay, Roxane: *Bad Feminist*. New York 2014.

Goldsmith, Kenneth: *Wasting Time on the Internet*, New York 2016.

Han, Byung-Chul: *Die Erretung des Schönen*, Frankfurt am Main 2015.

Han, Byung-Chul: *Duft der Zeit. Ein philosophischer Essay zur Kunst des Verweilens*. Bielefeld 2009.

Haraway, Donna: *Simians, Cyborgs, and Women*, London 1991.

Hobsbawm, Eric: *Das Zeitalter der Extreme. Weltgeschichte des 20. Jahrhunderts*, München 1998.

Illouz, Eva/Cabanas, Edgar: *Das Glücksdiktat und wie es unser Leben beherrscht*, Frankfurt am Main 2019.

Irby, Samantha: *We Are Never Meeting in Real Life*, London 2019.

Jamison, Leslie: *Make it Scream, Make it Burn. Essays*, London 2019.

Kästner, Erich: *Fabian. Geschichte eines Moralisten*, München 1989.

Kaur, Rupi: *milk and honey*, Kansas 2015.

Kerouac, Jack: *On the Road*, Hamburg 2010.

Kirkpatrick, Kate: *Simone de Beauvoir. Ein modernes Leben*, München 2020.

Kobek, Jarett: *ich hasse dieses internet*, Frankfurt am Main, 2017.

Kraus, Chris: *I Love Dick*, London 2016.

Labov, William: *Sociolinguistic Patterns*, Philadelphia 1972.

Lyotard, Jean-François: *Das postmoderne Wissen*, Wien 2019.

Mann, Klaus: *Kind dieser Zeit*, München 1965.

Mann, Klaus: *Mephisto. Roman einer Karriere*, Hamburg 1981.

Odell, Jenny: *How to Do Nothing. Resisting the Attention Economy*, New York 2019.

Paul, Jean: *Selina oder über die Unsterblichkeit*, Suttgart 1827.

Penny, Laurie: *Bitch Doctrine. Essays for Dissenting Adults*, London 2017.

Penny, Laurie: *Meat Market. Female Flesh under Capitalism*, Alresford 2011.

Penny, Laurie: *Unsagbare Dinge. Sex, Lügen und Revolution*, Hamburg 2015.

Reckwitz, Andreas: *Das Ende der Illusionen. Politik, Ökonomie und Kultur in der Spätmoderne*, Berlin 2019.

Pronin, Emily/Daniel Lin/Lee Ross: *The Bias Blind Spot: Perceptions of Bias in Self Versus Others*, in: *Personality and Social Psychology Bulletin*, Band 28, Nr. 3, 2002.

Raworth, Kate: *Donut-Ökonomie. Endlich ein Wirtschaftsmodell, das den Planeten nicht zerstört*, München 2018.

Roupenian, Kristen: *Cat Person*, Berlin 2019.

Sandberg, Sheryl: *Women, Work, and The Will To Lead*, London 2015.

Sartre, Jean-Paul: *Das Sein und das Nichts. Versuch einer phänomenologischen Ontologie*, Hamburg 1993.

Shapton, Leanne/Heti, Sheila/Julavits, Heidi (Hg.): *Frauen und Kleider. Wir tragen, was wir sind*, Frankfurt am Main 2015.

Self, Will: *I can't be the only one who has noticed that every dish in the Western world's a cheese sandwich*, 27. 5. 2016, *The New Statesman*.

Solnit, Rebecca: *Wenn Männer mir die Welt erklären*, Hamburg 2015.

Stokowski, Margarete: *Untenrum frei*, Hamburg 2016.

Tal, Ben-Shahar: *The Pursuit of Perfect*, London 2009.

Teismann, Tobias: *Grübeln. Wie Denkschleifen entstehen und wie man sie löst*, Köln 2014.

Tiffany, *Kaitlyn: Is That Nostalgia You're Feeling?*, 1. 4. 2020, *The Atlantic*.

Thompson, Derek: *The Religion of Workism Is Making Americans Miserable*, 24. 2. 2019, *The Atlantic*.

Tolentino, Jia: *Trick Mirror. Reflections on Self-Delusion*, New York 2019.

Tolokonnikowa, Nadja: *Anleitung für eine Revolution*, München 2016.

Von Stuckrad-Barre, Benjamin: *Panikherz*, Köln 2017.

QUELLEN

Die in diesem Buch versammelten Texte sind zuerst erschienen im *Magazin* des *Tagesanzeigers* unter den Titeln:

Observer's Paradox (2020)
Workism (2020)
Wursteln (2017)
Existenzkrise (2019)
Summa cum gaudi (2019)
Weltschmerz (2020)
Normalität (2020)
Ich hasse dieses Internet (2019)
Arrival Fallacy (2020)
Kontrollsimulation (2020)
Die Omega-Tragödie (2020)
Glück – eine Kritik (2020)
Dabdabhada (2020)
Der Nachmittag liegt vor mir wie eine laue, träge Masse (2019)
Vom Scheitern (2019)
Cat Person (2019)
Seitentriebe (2019)
Comfort Food (2020)
Übe dich in Geduld (2020)
Rumination (2020)
Neustalgie (2020)
Kein Witz: Ich liebe Berlin (2020)

Bedingungslose Liebe (2020)
Herbst (2019)
Mein Herz, so gebrochen (2020)
Bias blind spot (2020)
Donut-Ökonomie (2020)

Im *ZEITmagazin* unter den Titeln:

Wer ist mein Vater? (2019)
Stadt der Anti-Exzentriker (2019)

Und im Buch *Geschlecht. Jetzt entdecken*, Stapferhaus Lenzburg (Hg.).
Bravo Girl (2020)

ANNABELLE HIRSCH
Die Dinge

Eine Geschichte der Frauen in 100 Objekten

»Das Buch ist ein kuratiertes Museum, ein Kompendium weiblicher Geschichte in all ihren Facetten.«
Der Tagesspiegel

Es gibt unzählige Möglichkeiten, eine Geschichte der Frauen zu erzählen, diese hier tut es anhand von Objekten. Hundert Gegenstände des Alltags, der Mode, der Medizin, der Kunst, leise und laute Objekte, solche, die vom Freiheitsdrang und der Rebellion der Frauen zeugen, aber auch solche, die für die Mythen und Normen stehen, mit denen man sie schon immer kleinhalten wollte.

Annabelle Hirsch schafft einen Kosmos der Frauen und ihrer Dinge. Wir begegnen einer antiken Amazonen-Puppe, venezianischen Stelzenschuhen, einem Bidet, einer Hungerstreik-Medaille, dem Baumwollbeutel einer amerikanischen Sklavin, einer Brosche von Hannah Arendt, einer Tupperdose und vielem mehr.

Sachbuch
Broschiert, 416 Seiten
ISBN 978-3-0369-6163-7